D1877857

अकाल

और अन्य रचनाएँ

अकाल

और अन्य रचनाएँ

जगदम्बाप्रसाद दीक्षित

राधाकृष्ण प्रकाशन

ISBN : 978-81-7119-288-5

अकाल (उपन्यास)

© जगदम्बाप्रसाद दीक्षित

प्रथम संस्करण : 1997
पहली आवृत्ति : 2024

मूल्य : ₹495

प्रकाशक
राधाकृष्ण प्रकाशन प्राइवेट लिमिटेड
जी-17, जगतपुरी, दिल्ली-110 051
शाखाएँ : अशोक राजपथ, साइंस कॉलेज के सामने, पटना-800 006
पहली मंजिल, दरबारी बिल्डिंग, महात्मा गांधी मार्ग, प्रयागराज-211 001
1, अनमोल सोराबजी संतुक लेन, धोबी तलाव, मरीन लाइंस, मुम्बई-400 002

वेबसाइट : www.radhakrishnaprakashan.com
ई-मेल : info@radhakrishnaprakashan.com

मुद्रक
राजकमल प्रेस
नई दिल्ली-110 002

AKAAL
Novel by Jagdamba Prasad Dixit

इस पुस्तक के सर्वाधिकार सुरक्षित हैं। प्रकाशक की लिखित अनुमति के बिना इसके किसी भी अंश को, फोटोकापी एवं रिकॉर्डिंग सहित इलेक्ट्रॉनिक अथवा मशीनी, किसी भी माध्यम से, अथवा ज्ञान के संग्रहण एवं पुन:प्रयोग की प्रणाली द्वारा, किसी भी रूप में, पुनरुत्पादित अथवा संचारित-प्रसारित नहीं किया जा सकता।

प्रिय महेश भट्ट के लिए
बहुत-बहुत प्यार
और
आभार के साथ

क्रम

अकाल

जब खबर आयी कि भैया का ब्याह होनेवाला है...तो हम सब बहुत खुश हुए। ताज्जुब भी बहुत हुआ। हमारा खयाल था कि गाँव देहात की लड़की से भैया कभी ब्याह नहीं करेंगे। जरूर बम्बई से किसी फिल्मी हीरोइन को ब्याह लायेंगे। जब से बम्बई गये थे...गाँव की हर चीज उनको फालतू लगने लगी थी। भैया किसी ऊँचाई पर पहुँच गये थे...गाँव के हम सब लोग बहुत छोटे हो गये थे। बीच में जब कभी गाँव लौटते...हम लोग किवाड़ की आड़ से उन्हें ताका करते थे। उनका सूटकेस नया होता था और उसमें अच्छे-अच्छे कपड़े भरे होते थे। बढ़िया खुशबू वाली नयी-नयी शीशियाँ होती थीं और साबुन भी होते थे। एक बार हमने विलायती शराब की बोतल भी देखी थी। सिगरेट की डिब्बियाँ तो होती ही थीं।

भैया जब सिगरेट पीते थे...बड़े अच्छे लगते थे। कश खींचने और धुआँ छोड़ने का उनका ढंग बड़ा सुन्दर था। लगता था सिगरेट नहीं पी रहे हैं...चारों तरफ अपना अंदाज बिखेर रहे हैं। लेकिन एक बार बप्पा ने उन्हें सिगरेट पीते देख लिया था। तब वहीं सबके सामने भैया की पिटाई कर दी थी। अच्छा हुआ कि लोगों ने बप्पा को पकड़कर हटा दिया...नहीं तो पता नहीं क्या हो जाता !

बप्पा का गुस्सा तो तेज है ही। इधर वे भैया से और भी नाराज रहने लगे हैं। हमारी खेती में कुछ खास पैदा होता नहीं है। ऊपर से आये दिन सूखा पड़ता रहता है। भैया को बम्बई भेजा था कि कमाकर

कुछ घर भेजा करेंगे। हमारे गाँव के बहुत-से लोग बम्बई में ही धंधापानी करते हैं। इन्हीं लोगों के हाथ जोड़कर, पाँव पकड़कर बप्पा ने भैया को कुछ काम दिलवा दिया था। पहले तो भैया ने कुछ रुपये भेजे थे ...लेकिन इसके बाद धीरे-धीरे रुपये बंद हो गये। कुछ चिट्ठियाँ आती थीं जिन्हें पढ़कर बप्पा दाँत पीसने या पैर पटकने लगते थे। कभी-कभी बम्बई को या आजकल के जमाने को गालियाँ भी देते थे। कभी-कभी तो रात को सो भी नहीं पाते थे। मेरी आँख जब खुलती...बप्पा चिलम पीते मिलते...या गैया और भैंस को थपथपाते दिखाई देते...या लाठी लेकर अँधेरे में पता नहीं कहाँ चले जाते...!

मगर मैं जानना चाहता था कि चिट्ठियों में भैया क्या लिखते हैं। बहुत बाद जब भैया एक बार गाँव आये तो मालूम हुआ कि बप्पा क्यों दाँत पीसते और पैर पटकते थे। गाँव की पुरानी मित्र-मंडली में भैया सिगरेट के कश पर कश खींचते जाते थे और सारी दुनिया को गालियाँ देते जाते थे। सब लोग अब भैया को और भी छोटे मालूम होते थे। अचानक सबसे बहुत बड़े हो गये थे भैया। कारण बस इतना था कि लोग मेहनत करके गुज़र-बसर लायक कमा लेने की लड़ाई लड़ रहे थे। ऐसे लोग ही भैया को बहुत छोटे और फालतू मालूम होते थे। भैया खुद मेहनत को बेकार की बात समझते थे। बिना मेहनत किये वे बहुत जल्द बहुत अमीर हो जाना चाहते थे। मेहनत करके थोड़ी-बहुत कमाई को वे अपनी तौहीन समझते थे। अक्सर बिजनेस की बात करते थे। इसमें बिना मेहनत किये बहुत-सा पैसा मिल जाता है। इसीलिए भैया सबसे बहुत बड़े थे और सब भैया से बहुत छोटे। जब बोलते थे तो अपने आपको बम्बई के उन तमाम अमीरों की कतार में रख देते थे जिन्होंने अचानक बहुत-सा पैसा कमा लिया था और बड़े ऐश की जिंदगी बिता रहे थे। इन लोगों ने भैया को सपनों की एक नयी दुनिया में पहुँचा दिया था। जब सिगरेट का कश खींचकर धुआँ छोड़ते...तो ऐसा लगता कि सपनों की यह दुनिया भैया की आँखों में तैर रही है। गाँव के जवान लड़कों को भैया की बातों का भरोसा हो गया था। बहुत जल्द भैया के पास तीन-चार बढ़िया मोटरगाड़ियाँ

हो जायेंगी। खूब सजे हुए फ्लैटों और बँगलों में भैया रहा करेंगे। अपने लिए वे खास बढ़िया कमरा बनवायेंगे। एक तरफ हर तरह की विदेशी और महँगी शराबें सजी होंगी...सोडा और लेमन की बोतलें होंगी... दूसरी तरफ बहुत ही शानदार मखमली बिस्तर होगा। भैया के इन सपनों में सुंदर लड़कियाँ भी शामिल थीं। ये भैया को हर तरह की खुशी देंगी। नाच और गाने की महफिलें सजती रहेंगी और भैया दोनों हाथों से सैकड़ों नोट हवा में उड़ाते चले जायेंगे।

गाँव के लड़कों की आँखें फटी की फटी रह जाती थीं। इस सपने की सच्चाई पर उन्हें पूरा भरोसा हो गया था। भैया को सभी बड़ा मान-सम्मान देने लगे थे।...लेकिन बप्पा का गुस्सा लगातार बढ़ता जाता था। भैया को देखते ही उनका खून खौल उठता था। भैया उनसे डरते भी बहुत थे। चुपचाप इधर-उधर हो जाते थे। नहीं तो बप्पा शायद उनके हाथ-पाँव ही तोड़ डालते। एक दिन यह नौबत भी आ ही गयी थी...मगर टल गयी। भैया बम्बई से अचानक चले आये थे। सुना, वहाँ बड़ा हंगामा किया था। किसी स्मगलर के साथ कुछ थोड़ा-बहुत काम किया था और काफी रुपये हाथ आ गये थे। भैया ने खूब शराब पी थी और दिन-रात टैक्सी पर घूमते रहे थे। फिर कुछ रातें बदनाम औरतों के कोठों पर बितायी थीं। फिर बेहोशी की हालत में कोई उन्हें नाले के पास छोड़ गया था। इस समय उनके पास एक पैसा भी बाकी नहीं बचा था। रामबरन की चिट्ठी में यह सब पढ़कर बप्पा बहुत दुखी हुए थे। इस बार उन्हें गुस्सा नहीं आया था। अम्माँ से उन्होंने बस यही कहा था कि यहाँ आये तो हमारी आँखों के आगे मत पड़ने देना। मगर सच्ची बात तो यह थी कि बप्पा उस तरफ देखते भी नहीं थे जिधर भैया बैठे होते। जब से भैया गाँव लौटे थे...बप्पा बाहर ही बाहर रहते थे। वैसे भी बप्पा इतनी मेहनत करते थे कि घर बैठने का मौका ही नहीं आता था। बड़े सवेरे लाठी लेकर खेतों की ओर निकल जाते थे। एकाध मजूर लेकर जमीन की जोताई, बोआई, निराई...या फिर जो भी काम हो...करते रहते थे। पानी देने का काम हो तो बैलों को हाँक-हाँककर ख़ुद ही काका की

रहट चलाते और हार में पानी पहुँचाते। साँझ को लौटते तो दुआरे की खटिया पर ही दो पल देह सीधी करते और फिर गैया-भैंस की सानी-पानी करते। कुइयाँ से पानी खींच-खींचकर नाँद भर देते। पारसाल जब कुइयाँ का पानी सूख गया था तो जानवरों को खुद हाँककर पासी खेड़ा हाट के कुएँ पर ले जाते...पानी पिलाते और फिर रात तक अपने गाँव वापस लौटते।...मैं सोचता तो बड़ा विचित्र लगता था। बप्पा और भैया—जैसे पूरब और पश्चिम। दो रास्ते...एक-दूसरे से बिलकुल उल्टी तरफ जा रहे थे। जब बप्पा नहीं होते...तो उनके लिए बीसियों बुरी बातें बोलते थे भैया। उनके विचार...उनका सबकुछ ...बिलकुल अलग था। उनकी दुनिया में हम लोग कभी बड़े नहीं हो सकते थे। बड़े थे तो खाली स्मगलर...बम्बई के फिल्म ऐक्टर... मिनिस्टर...नेता...और इनके बाद भैया खुद।

...तो जब बाँसगाँव के तिवारियों के यहाँ बड़ी बिटिया का ब्याह हुआ तो हमारे इलाके के बड़े-बड़े लोग आये। मिनिस्टर...एम.एल.ए. ...तस्कर...छोटे-बड़े कांग्रेसी नेता। भैया भी वहाँ पहुँच गये। रईसी में किसी से उन्नीस नहीं होना चाहते थे। खूब शराब पी...पीते चले गये। जब बरात आयी तो बाजे की धुन पर नाचना शुरू कर दिया ...जैसे सिनेमा में हीरो लोग नाचते हैं। खूब समाँ बाँधा। आखिर लोग खींच के ले गये...नहीं तो शायद सारी रात नाचते रहते। फिर और शराब पी और इसके बाद गाना सुनने सुभानपुर चले गये। जब सवेरे नौ-दस का टाइम हुआ तो एक मोटर हमारे दुआरे आकर खड़ी हो गयी। सुभानपुर की पुरानी एम्बेसेडर कार टैक्सी चलती थी। भैया नशे में बेहोश पड़े थे और ड्राइवर अपना किराया माँग रहा था। दो-तीन जनों ने मिलकर भैया को नीचे उतारा और खटिया पर डाल दिया। किराये के रुपयों के लिए बड़ा झमेला हुआ। टैक्सी लेकर भैया न जाने कहाँ-कहाँ घूमते रहे थे ! यहाँ-वहाँ से माँग-जाँचकर टैक्सीवाले को विदा किया गया।

बप्पा को पहले तो इतना गुस्सा आया कि भैया को मार ही डालेंगे। मगर नशे में बेहोश पड़े भैया को देखकर वहाँ से हट गये।

लगा कि भैया से उनको इतनी नफरत हो गयी...कि पहले कभी नहीं हुई थी। भीतर कोठरी में जा के पड़ रहे तो फिर शाम को ही बाहर निकले। इधर कुछ लोग बहुत हँस रहे थे। रात बरात में भैया कैसे नाचे इसकी नकल कर रहे थे। नशे में भैया बड़े-बड़े अमीरों और ऐक्टरों की तरह कैसे बतियाते हैं...इसकी भी नकल हो रही थी। सच पूछो तो एक बप्पा ही दुखी थे...बाकी सब लोग मजा ले रहे थे। आसपास दो-चार दस गाँवों में मशहूर हो गया था कि शुक्ला जी का लड़का शराबी, जुआरी और रंडीबाज हो गया है। बप्पा को बड़ी शर्म आती थी। मजबूर थे...कुछ कर नहीं सकते थे।

मगर भैया को कभी कोई शर्म नहीं आयी। शाम से रात तक सब जगह घूमते थे। उन्हें मालूम था कि लोग उन पर हँसते हैं और कई लोग उनको अच्छा नहीं समझते हैं। भैया का विचार था कि यह सब थोड़े दिन की बात है। एक दिन जैसे ही बहुत-सा पैसा कमाकर अमीरी ठाठ से गाँव में निकलेंगे...सब उनके आगे-पीछे घूमने लगेंगे ...तब ये सारी बातें खत्म हो जायेंगी। यह दिन आनेवाला है...और बहुत जल्द आनेवाला है। तब तक की ही बात है।...इसी विश्वास के सहारे भैया आज भी किसी की परवाह नहीं करते थे और आज भी पूरे अमीरी ठाठ से घूमते थे। अकाल या सूखा रिलीफ के लिए ...या किसी और मौके पर जब कोई कवि सम्मेलन या मुशायरा होता ...पाँच-सात गाँवों के लोग इकट्ठा होते...तो भैया जरूर पहुँच जाते। किसी न किसी तरह मंच पर पहुँचकर 'इस्किया गजल' जरूर बोलते। 'न दुस्मन ने मारा न यार ने मारा...आसिक को मासूक के प्यार ने मारा' या 'तिरछी नजर का जवाब नहीं...पतली कमर का जवाब नहीं ...जवाब है खुदा की खुदाई का....तेरी जुल्फे सर का जवाब नहीं।' लोग तालियाँ पीटते...सीटियाँ बजाते...भैया सीना फुलाकर मंच के कवियों-शायरों की तरफ देखते।...कांग्रेस की सभा में भी भाषण जरूर देते थे। बात-बात पर शेर बोलते थे...खूब गरजते थे और तरह-तरह के हावभाव जरूर दिखाते थे। भाषण देते थे...मगर फिल्मी ऐक्टरों की तरह ऐक्टिंग करते थे। हमेशा हिट जाते थे और लोगों से तालियाँ जरूर

पिटवा लेते थे।...

...बप्पा जब दुखी होकर दुआरे बैठते तो लोग सलाह देते कि लड़के का ब्याह कर देने से सब ठीक हो जायेगा। जब अपने कंधे पर बोझ पड़ेगा तो आप ही कुछ करेगा। इसलिए भैया का ब्याह जरूर कर देना चाहिए।...लेकिन बप्पा की राय कुछ और थी। शराबी और ऐयाश के रूप में बदनाम लड़के को भला कौन अपनी बेटी देगा ! भैया का ब्याह नहीं हो सकता। बप्पा खुद भी किसी की बेटी को कुएँ में नहीं डालेंगे। ऐसे महापाप का प्रायश्चित सात जन्मों में भी नहीं हो सकता।...मगर हमारी अम्माँ तो एक पाँव पर तैयार थीं। उनका कहना था कि भैया की यह हालत हुई ही इसलिए है कि बप्पा ने उनका ब्याह समय पर नहीं किया और कमाई के चक्कर में यहाँ-वहाँ भेज दिया। नहीं तो बीस-बाईस साल के लड़के दो-दो बच्चों के बाप हो रहे हैं।...मगर बप्पा बिगड़ जाते थे। लड़का जब से बम्बई की सैर कर आया था और इधर-उधर के लोगों के साथ घूमने लगा था ...खुद ही ब्याह के लिए तैयार नहीं होता था...वे भला क्या करते ?

अम्माँ का इशारा पाकर या पता नहीं कैसे...इधर लोग हमारे यहाँ के चक्कर कुछ ज्यादा ही लगाने लगे थे। हमारे यहाँ के पंडित रामनिहोरी तो जब देखो...दुआरे जमे रहते थे। लड़कीवाले बहुत करके गरीब घरों के होते थे और लेन-देन के लिए इनकी हैसियत बहुत कम पड़ती थी।...जब भैया से कहा गया, तो साफ मुकर गये। गाँव-कस्बे की लड़की से ब्याह की बात करना भी उनका अपमान करना था। उनके सपनों की दुनिया कहीं और थी और उनके अमीर होने में अभी कुछ देर थी। ब्याह के मामले में वे जल्दी नहीं करना चाहते थे... इसके बिना उनका कुछ अड़ता भी नहीं था। उनका एकाध दाँव लग जाये और माल-पानी मिल जाये तो फिर अपनी ही तरह और बराबरी की लड़की से ब्याह करने का उनका इरादा था। ब्याह भी ऐसे अमीरी ठाठ से होगा कि आसपास के लोग बरसों याद करेंगे।

इस तरह भैया के ब्याह की बात पुरानी हो गयी थी। भैया बम्बई जाते...लौट आते...फिर चले जाते...फिर लौट आते। कभी-कभी

विदेशी ढंग के कपड़े और सामान भी लाते थे। लेकिन उनका असली दाँव अभी तक नहीं लगा था। जिस अमीरी की वे तलाश में थे... वह उन्हें अभी तक नहीं मिली थी। सभी मंसूबे वैसे ही पड़े थे... मगर उनकी आशा अभी तक कम नहीं हुई थी। इसी बीच खबर आयी कि शुक्लागंज के तिवारियों की बिटिया बड़ी सुंदर है। बतानेवाले बताते थे कि ऐसा रूप आसपास के दो-चार-दस गाँवों में ढूँढ़े नहीं मिलेगा। हाँ...लोग गरीब जरूर हैं और लेन-देन के मामले में बहुत कमजोर पड़ेंगे। लड़की की माँ नहीं है। तिवारीजी भी बीमार रहते हैं। दो भाई हैं। उनके ब्याह हो चुके हैं और वही घर-द्वार के मालिक हैं। आँसों के साल बहन का ब्याह कर देंगे। बिटिया सुंदर है...इससे ब्याह तो कहीं न कहीं हो ही जायेगा। मगर भैया को ऐसी लड़की नहीं मिलेगी क्योंकि सुंदर तो है ही...दसवाँ दरजा पास भी है।

लगा कि भैया का मन कुछ डोल गया है। लड़की की सुंदरता की चर्चा का असर था...या भैया के मंसूबे पूरे होने में कुछ ज्यादा ही देर लग रही थी। पता नहीं क्या कारण था ! थोड़ा ननूनच करने के बाद उन्होंने हाँ कर दी। सब लोग बहुत खुश हो गये। अम्माँ की खुशी का तो ठिकाना ही नहीं था। पता नहीं क्यों...बप्पा खुश नहीं हुए। रामप्रसाद काका ने बहुत जोर दिया तो बप्पा लड़की देखने चले गये। जब लौटे तो उनका मुँह और भी काला पड़ गया था। दुआरे ही खटिया पर जो पड़े तो फिर घंटों नहीं उठे।

रात को अम्माँ पानी का लोटा लेकर आयीं। बप्पा जाग रहे थे। अम्माँ ने कहा, "काहे ? का बात है ?...लड़की पसंद नहीं आई ?"

बप्पा शायद बहुत प्यासे थे। बड़ी देर तक पानी पीते रहे। फिर बोले, "...नहीं...यह पाप हमसे मत करवाओ।...भगवान हमको कभी छमा नहीं करेंगे !...हमको माफ करो। हमसे यह नहीं होगा।"

इस समय रात काफी हो गयी थी...मगर उमस कम नहीं हुई थी। हम लोग बाहर ही चारपाइयाँ डालकर पड़े थे। बप्पा की बात अम्माँ को अच्छी नहीं लगी। नाराज होकर उन्होंने कहा, "हमारा

जगदीस अइसा नहीं है जइसा तुम समझते हो। थोड़ा-बहुत ऊँच-नीच कउन नहीं करता है ! उमिर ही अइसी है। समय पर सब चेत जाते हैं... ।''

लेकिन बप्पा बोले तो उनकी भारी आवाज और भारी हो गयी थी। उन्होंने कहा, "...यह कुआँ है....समझ गयीं तुम। किसी की संतान को इस कुएँ में नहीं पड़ने देंगे हम ! हमारे भी बाल बच्चे हैं...!''

रात हम लोग कब सो गये...मालूम नहीं पड़ा। मगर बहस चलती रही। सवेरे तक रामप्रसाद काका भी इसमें शामिल हो गये। इसके बाद और भी बहुत-से लोग आ गये। सब लोग एक तरफ थे ...बप्पा अकेले दूसरी तरफ। सब लोग कहते थे कि यह ब्याह हो जाना चाहिए।...बप्पा कहते थे कि 'यह ब्याह नहीं होने देंगे....ऐसी सुंदर भोली-भाली कन्या को इस कुएँ में नहीं डालेंगे।'

कई दिनों तक शाम-सवेरे बस यही बात होती रही। कभी दुआरे ...कभी चौपाल में...कभी बरोठे में...कभी बैठक में। मगर आख़िर बप्पा हार गये। एक दिन जब शाम हो गयी थी पर पूरा अँधेरा नहीं हुआ था और बप्पा गोरुओं की सानी-पानी की तैयारी कर रहे थे ...अचानक एक बैलगाड़ी हमारे दुआरे आकर खड़ी हो गयी। शुक्लागंज के तिवारीजी डंडा टेककर नीचे उतरने की कोशिश कर रहे थे...मगर उतर नहीं पा रहे थे। बप्पा ने सारा काम छोड़ दिया... लपककर सहारा दिया और उन्हें नीचे उतार लिया। हम लोग जब बैठक के किवाड़ों के पीछे पहुँचे तो तिवारीजी गिड़गिड़ा रहे थे और बप्पा के पाँव पकड़ रहे थे...मगर बप्पा 'ना ना' करके उनके हाथ पकड़ रहे थे। तिवारी जी भीख माँग रहे थे कि बप्पा उन्हें उबार लें...कन्या के भाग्य से सब ठीक हो जायेगा...किसी बात की चिंता न करें। ...और बप्पा आँखें फाड़कर उन्हें देख रहे थे...जैसे भरोसा नहीं हो रहा था।

उस दिन के बाद बप्पा कुछ नहीं बोले। साइत बिचारी गयी ...तिथि निकली...भैया के ब्याह की तैयारियाँ शुरू हो गयीं। सभी खुश थे...मगर बप्पा अब भी उदास थे...अब भी चुप थे। भैया का

तिलक कर दिया गया। तिलक के रुपये अम्माँ लेनेवाली थीं...पर भैया पहले ही खिसक गये और चार दिन लापता रहे। रामप्रसाद काका बहुत खुश थे। नाइयों और पासियों को लगातार दौड़ा रहे थे। बाजेवाले और बत्तीवाले शुक्लागंज से तय कर लिये गये। एक बस और एक टेम्पो का बंदोबस्त किया गया। सात दिन पहले से औरतों की गउनई शुरू हो गयी। शाम होते ही ढोलक और मंजीरे की आवाज गूँजने लगती। बप्पा चुपचाप दुआरे की खटिया पर पड़े रहते। रोज नयी-नयी हलचल होती थी और हम लोगों को भी काम बताए जाते थे। पिछवाड़े भट्ठी खुद गयी थी और हलवाई लगा दिया गया था। भैया हर चीज़ बहुत ऊँचे दरजे की चाहते थे। बस चलता तो बम्बई-दिल्ली के बड़े-बड़े ऐक्टरों, स्मगलरों और नेताओं को लाकर सारे इलाके में सनसनी फैला देते। मगर ऐसा नहीं हो सकता था। भैया कांग्रेस के पक्के भक्त थे और कांग्रेसी नेताओं से दोस्ती का दम भरते थे। सभी को भरोसा था कि हमारे क्षेत्र के एम.एल.ए. रघुनंदन पांडे और जिला कांग्रेस के अध्यक्ष बाबू शिवप्रसाद ब्याह गें जरूर आयेंगे। भैया, खुद इसी हिसाब से बंदोबस्त करवा रहे थे। बम्बई जाकर भैया नये विचारों के हो तो गये थे...मगर लेन-देन के बारे में उनके विचार अभी पुराने ही थे। अम्माँ और रामप्रसाद काका ने तिवारीजी से लेन-देन की बात भी कर ली थी...मगर बप्पा को इस बारे में कुछ मालूम नहीं था। भैया जोर दे रहे थे कि ब्याह के साथ ही विदाई कर दी जाये....गौने का झंझट न रखा जाये। और लोगों का भी यही विचार था।

इस समय चारों तरफ खुशियाँ ही ख़ुशियाँ छायी दिखायी देती थीं। बच्चों की खुशी का तो ठिकाना ही नहीं था। झुन्नी और धुन्नू तो रावेरे ही रो हलबाई की भट्ठी के चक्कर लगाने लगते थे। हम सब जब चौपाल में इकट्ठा होते, तब भी यही चर्चा होती कि बरात में कौन-कौन जायेगा और सहबाला कौन बनेगा। सहबाला की बात पर थोड़ा-बहुत झगड़ा भी हो जाता था। मगर बैंड-बाजे की बात चलती तो सब एक हो जाते। झुन्नी को बाजेवालों के कपड़े बहुत पसंद थे। उसकी बड़ी साध थी कि ऐसे कपड़े उसको मिल जायें। कहता था

कि बड़ा होकर बाजेवाला बनेगा और हमेशा यही कपड़े पहनेगा। धुन्नू का खयाल था कि बरात में भैया को भी ये कपड़े ही पहनाना चाहिए। दूल्हे को पीली धोती कुरता जामा क्यों पहनाते हैं...उसकी समझ में नहीं आता था। बात हम लोगों के कपड़ों पर आ जाती। बल्लू के लिए सफारी सूट सिलाया जा रहा था। गाँव के बच्चों में सफारी पहननेवाला पहला बच्चा वही होगा। सभी बच्चे हठ कर रहे थे कि सफारी पहनेंगे। कुरता-पाजामा या बुश्शर्ट-पतलून पहनकर बरात में जाने को कोई तैयार नहीं था।

मगर मेरा आधा ध्यान बप्पा की तरफ लगा रहता था। बप्पा खुश नहीं थे...और मैं भी खुश नहीं हो पाता था। दौड़-धूप के काम में लगा रहता था। कभी इसको बुला लाओ, तो कभी उसको। कभी यह सामान लाना है तो कभी वह सामान। अम्माँ कहती थीं कि अगले बरस इसका भी ब्याह कर देंगे। यह बात मुझे अच्छी नहीं लगती थी। मेरी पढ़ाई पहले ही बंद कर दी गयी थी और मुझे खेती के काम में लगा दिया गया था। मगर मैं खाली समय में कहानियों की किताबें जरूर पढ़ता था। ...इधर मैं बराबर बप्पा के बारे में सोचता रहता था। उनकी उदासी का कारण मैं समझ गया था।...रात घर में औरतों की अच्छी भीड़ लग गयी थी। ढोलक की थाप...मंजीरे की खनखन ...और औरतों के बेसुरे गानों की आवाज गूँजने लगी थी। इस समय बप्पा दुआरे की खटिया पर पड़े आसमान के अँधेरे की तरफ ताक रहे थे। हलवाई ने लड्डू बनाये थे। दो लड्डू और पानी का गिलास लेकर अम्माँ बप्पा के पास पहुँच गयी थीं। चाहती थीं कि बप्पा भी किसी तरह खुश हो जायें। बप्पा ने पानी तो पी लिया मगर लड्डुओं को हाथ नहीं लगाया। अम्माँ की आवाज धीमी थी। क्या कहा, सुनाई नहीं पड़ा। मगर बप्पा की आवाज ऊँची थी। बोले, "खुश तो होंगे ही। खुश नहीं होंगे तो क्या होंगे। ढोल-मंजीरा, बाजा-गाजा पिटवा के एक निर्दोष कन्या को कुइयाँ में झोंको तो खुश नहीं होंगे तो और क्या होंगे !"

अम्माँ ने धीमी आवाज में फिर कुछ कहा जो सुनायी नहीं पड़ा।

गउनई की आवाज भी बराबर आ रही थी। मगर बप्पा जब बोले तो आवाज बिलकुल साफ थी। उन्होंने कहा, "हाथ-पाँव से जो होगा, सब करेंगे। लड़के के बाप हैं। मगर मन को क्या करें। ईश्वर से बस यही बिनती है कि प्रभो...हमारे अपराध छमा करो। असहाय कन्या का अनिष्ट न करवाओ...!"

यह बात सच थी। सब रीत-भाँत और नेगचार में बप्पा शामिल थे। मगर उनका मन किसी बात में नहीं था। जब बरात चलने की साइत आयी तो बप्पा ने हाथ जोड़कर एक बार आकाश की तरफ देखा। फिर बस में बैठ गये। इस समय औरतें रतजगे के स्वाँग की तैयारियाँ कर रही थीं और भैया का मुँह उतरा हुआ था। रघुनंदन पांडे और बाबू शिवप्रसाद के पहुँचने की अब कोई आशा नहीं थी। लेकिन अचानक भैया की बाछें खिल गयीं। युवा कांग्रेस नेता और रामप्रसाद काका के साथी देवमणि उपाध्याय की जीप दुआरे आकर खड़ी हो गयी। भैया को जैसे भगवान मिल गये। लपककर देवमणि के गले लग गये। उनसे अलग होने को तैयार नहीं थे। देवमणि जिला कांग्रेस के नेता राजमणि उपाध्याय के बेटे थे। राजमणि का इधर के इलाके में बड़ा नाम था। पिछले पाँच साल में ही उन्होंने बड़ी प्रॉपर्टी बना ली थी। देवमणि को भी इधर बड़ा होनहार नेता माना जाने लगा था। उन्होंने अपना एक गैंग बना लिया था। कुछ लोग कहते थे कि गैर कानूनी पिस्तौलों और बंदूकों की सप्लाई का काम भी करते थे। कुछ लोग तो और भी न जाने क्या-क्या कहते थे।...छोटी जाति की गरीब जवान लड़कियों को उड़वाकर शहर भिजवाने का काम भी करते थे।...जब बरात चली तो हम लोग बस में बैठे...मगर भैया देवमणि और कुछ खास लोगों के साथ जीप में गये। टेम्पो में रामप्रसाद काका और उनकी पार्टी थी। कुल मिलाकर पचास-साठ बराती हो गये थे।

जनवासे का इंतजाम एक स्कूल में किया गया था। चाय-नाश्ते से निबटकर हम लोग आराम करने लगे। कुछ लोग ताश खेलने लगे और कुछ घूमने निकल गये। मगर भैया कहाँ गये, किसी को मालूम

नहीं था। लोगों ने बस इतना देखा था कि देवमणि के साथ जीप पर कस्बे की तरफ निकल गये थे। हमारा खयाल था कि जल्दी लौट आयेंगे...मगर साँझ हो गयी और सात बज गये...उनका कोई पता नहीं था। तय हुआ था कि आठ बजे बरात जनवासे से निकलेगी और तिवारीजी के घर की तरफ जाने से पहले थोड़ा चक्कर लगायेगी। नौ बजे मंडप के आगे द्वारचार होगा और फिर रात-भर बाकी नेगचार होते रहेंगे। लड़कीवालों को समय दे दिया गया था...मगर बरात निकालने का कोई उपाय नहीं था। बाजेवाले...गैसबत्तीवाले... आतिशबाजीवाले--सब तैयार बैठे थे। लाउडस्पीकरवाला गाने पर गाना बजाये जा रहा था...। मगर समय काटे नहीं कट रहा था। सजी हुई घोड़ी को लिये हुए साईस भी थक गया था। रामप्रसाद काका भी थोड़े परेशान दिख रहे थे...मगर बप्पा चुपचाप भीतर लेटे रहे। काका की हिम्मत नहीं होती थी कि उनके सामने जायें। बार-बार मुझे ही यहाँ-वहाँ दौड़ा रहे थे। बच्चे लोग नये कपड़े पहनकर तैयार बैठे थे। लड़कीवालों के मंडप के कई-कई चक्कर लगा आये थे। मैं इस समय दुल्हन के बारे में सोच रहा था। सोचकर ही अजीब लग रहा था।

इस तरह रात के दस बज गये। सब लोग यहाँ-वहाँ ऊँघने लगे थे। लाउडस्पीकरवालों ने गाने बंद कर दिये। बाजेवाले, बत्तीवाले बीड़ियाँ पी-पीकर थक गये। बच्चे सो गये थे। बल्लू जाग रहा था ...क्योंकि उसने पहली बार सफारी सूट पहना था। मंडप के कई चक्कर लगाने के बाद उसने खबर दी थी कि वहाँ भी सब ठंडा हो गया है। कुछ लोग वापस चले गये थे। बाकी लोग घुसपुस-घुसपुस बातें कर रहे थे।

तिवारीजी के बड़े साले घनश्याम मिश्रा तीन चक्कर लगा गये थे। उन्हें ठीक-ठीक कुछ बताया नहीं जा सका। बस, यही कहा गया कि किसी की तबीयत खराब हो गयी है। काका को बुलाकर बप्पा बोले, ''बोलो रामप्रसाद...का इरादा है ? का बाकी रह गया है अब ? ब्याह करवाओगे कि नहीं करवाओगे ?''

काका बिगड़ गये। बोले, ''हम कउन होते हैं न करवानेवाले ?

...जब लड़कीवाले तैयार हैं...लड़केवाले तैयार हैं...तो हम कउन होते हैं बीच में बोलनेवाले...!''

इसी समय बाहर जीप की आवाज हुई। सब लोग अचानक चेत गये। ठीक-ठीक मालूम नहीं पड़ा कि कहाँ गये थे ये लोग। देवमणि के मुँह से शराब की बू आ रही थी। कलाई पर चमेली के फूलों का गजरा बँधा था। मगर भैया सही थे। सवाल-जवाब का समय नहीं था। काका ने नौआ दौड़ाकर खबर कर दी कि बरात आ रही है। थोड़ी ही देर में लाउडस्पीकर पर फिर गाने बजने लगे...बैंडवाले भी कोई धुन बजाने लगे। जब बरात चली तो बंदूक लिये देवमणि आगे-आगे झूम रहे थे। बच्चों की आँखों से नींद उड़ गयी थी...मगन होकर बरात के साथ चल रहे थे।

चारों तरफ जैसे खुशियाँ ही खुशियाँ फैल गयी थीं। बैंड की धुन...नाचते हुए बराती...छूटती आतिशबाजियाँ...पटाखों के धमाके ...फूलों से सजी भैया की घोड़ी...जगमगाती रोशनी !...सचमुच बड़ी खुशी का समय था। मैं बार-बार बप्पा के मुँह की तरफ ताक रहा था। नयी धोती...नया कुरता...नयी टोपी...कंधे पर गमछा—सबकुछ बहुत अच्छा था। क्या वे भी बहुत खुश थे ?...बरात जब कन्या पक्ष के द्वार पर पहुँची तो वहाँ भी खुशियाँ फूट पड़ीं। बाजे बजने लगे ...औरतें चीख-चीखकर मंगल गीत गाने लगीं। तुतुहरी और नगाड़े की आवाजों के बीच देवमणि ने बंदूक उठायी। आसमान की तरफ फायर किया। नीम की एक टहनी तड़ से टूट गिरी...चीखते हुए पक्षी चारों तरफ उड़ गये। एक...दो...तीन कई फायर हुए। सचमुच बड़ी खुशी का समय था। भैया का द्वारचार किया जा रहा था। आरती उतारी जा रही थी...माथे पर तिलक लगाया जा रहा था। पंडित लोग जोर-जोर से मंत्रपाठ कर रहे थे। हम लोग चुप थे...भीड़ के बीच अकेले थे। मैं भैया के बारे में सोच रहा था। होनेवाली भाभी के बारे में सोच रहा था। बप्पा क्या सोच रहे थे...मालूम नहीं। तिवारीजी उनके पाँव छू रहे थे...माथे पर तिलक लगाकर हल्दी-चावल छिड़क रहे थे। रीत-भाँत को जल्दी-जल्दी पूरा किया जा रहा था। रह-रहकर देवमणि

की बंदूक का फायर होता था...टहनियाँ टूटती थीं...चिड़ियाँ फड़फड़ाती रहती थीं। टूटी टेबलों और बेंचों पर बैठकर बराती नाश्ता कर रहे थे...घराती जोर दे-देकर खिलाते जाते थे। फटी कनातों के बीच घरातियों-बरातियों की अश्लील नोक-झोंक...हँसी-मजाक...बच्चों की खिलखिलाहट !...तरह-तरह की आवाजें गूँजती जाती थीं।

आधी रात इसी तरह बीत गयी। जिसको जहाँ जगह मिली, सो गया। कुछ लोग जनवासे वापस लौट गये। मगर मैं जाग रहा था ...और वहीं रहा। बप्पा के पास बैठा ब्याह की विधियों को देख रहा था। ...मंत्रपाठ हो रहा था। वधू को थामकर लड़कियाँ मंडप में ले आयी थीं।...मैं उन पैरों को ध्यान से देख रहा था जो गोरे थे और महावर की लाली से बहुत सुंदर लग रहे थे। हाथों की अँगुलियाँ भी दिखायी पड़ जाती थीं। मेहँदी की लाली में लिपटा हुआ वही गोरा रंग।...बप्पा ने आँखें बंद कर लीं...मगर भैया उन हाथ-पैरों को ध्यान से देख रहे थे।

तिवारीजी का मुँह सूखा हुआ था। पंडित जो कहता था...करते जाते थे या दोहराते जाते थे। तमाम देवी-देवताओं की प्रार्थना की जा रही थी...सबका आशीर्वाद लिया जा रहा था। एक के बाद एक विधियाँ पूरी हो रही थीं। रात तेजी से गुजरती जा रही थी।

...जब बहुत रात बीत गयी और भोर की तैयारी होने लगी...तो कन्यादान हुआ। पंडितजी बोल रहे थे और तिवारीजी दोहरा रहे थे। ...कन्या सुरनां तां...कन्या सुरनां तां...पत्नी त्वेन तुभ्यमहं सम्प्रददे... सम्प्रददे...सम्प्रददे। धर्मेचार्थे च कामेय त्वमेयं नाऽतिचरितव्य...त्वमेयं ...नाऽतिचरितव्य !...धर्मेचार्थे च कामेय...। तिवारीजी के हाथ भैया के पैरों पर थे...आँखें डबडबायी हुई थीं।

अगले दिन भी चारों तरफ खुशियाँ फैली थीं। जब कलेवे का बुलौवा आया तो रामप्रसाद काका ने साफ-साफ कह दिया कि...जब तक उनका इशारा नहीं मिलेगा...कोई कलेवा नहीं छुयेगा। इशारा मिलने पर पहले भैया शुरू करेंगे...पीछे सहबाला लोग हाथ लगायेंगे। हम लोग जब धोती ओढ़-ओढ़कर बैठे तो आसपास बहुत भीड़ थी।

औरतें उमड़ी पड़ रही थीं और भैया को ताक रही थीं। लेकिन बच्चों का ध्यान कलेवे पर लगा था। मैदे की बड़ी-बड़ी पूरियाँ...तरकारी ...बुकनू...मिठाई। देख-देखकर सबका जी ललचा रहा था।...मगर हाथ नहीं लगा सकते थे। काका वहीं खड़े थे...भैया पत्थर की मूरत बने बैठे थे। कभी-कभी कनखियों से औरतों की तरफ ताक लेते थे। तिवारीजी और घनश्याम मिश्रा हाथ जोड़-जोड़कर भैया से विनती कर रहे थे। भैया टस से मस नहीं हो रहे थे। बच्चे बार-बार काका को ताकते थे...मगर इशारा नहीं मिल रहा था।

अब घनश्याम भैया के पास बैठ गये और कुछ फुसफुसाने लगे। ...बिना उनकी तरफ देखे भैया कुछ बुदबुदाने लगे। काफ़ी देर में पता चला कि लड़का फटफटी माँग रहा है।...मगर हम सब परेशान हो गये। फुसफुसाहट चलती जा रही थी। हम लोग उसी तरह बैठे रहे। औरतों की भीड़ उसी तरह खड़ी रही। जब बड़ी देर हो गयी तो कन्या पक्ष के बूढ़े लोग भैया को मनाने लगे।...इतनी भारी चीज कहीं कलेवा में माँगी जाती है।...आखिर सौदा सोने की चेन पर तय हुआ। काका ने आँख से इशारा किया...भैया ने कौर उठाया...हम सब खाने लगे। औरतें गीत गाने लगीं।

मगर भात के समय बड़ा बखेड़ा हो गया। पंगत उठ जाने की नौबत आ गयी। भैया फटफटी पर अड़ गये। काका ने पहले ही कह दिया था कि कम में नहीं मानेंगे। सब लोग बैठे रहे। भात और घी ...दही बड़े और दाल तरकारी...सब पड़े-पड़े ठंडे हो गये। लड़की के मामा ने भैया के चरणों पर सिर रख दिया। भैया नहीं पसीजे। तब तियारीजी ने अपनी टोपी उतारकर पाँवों में रख दी। दोनों आँखों में लबालब आँसू भरे थे। न भैया पर असर हुआ...न काका पर। मगर बप्पा का चेहरा तमतमाने लगा। तिवारीजी उठकर बप्पा के पास आये ...चरणों पर माथा रखकर रोने लगे। भर्रायी आवाज में बोले, "...जो इस लायक होते कि यह सब दे सकें...तो हमारा यह हाल काहे होता ! पंडितजी ! हमारी लाज अब आपके हाथ है...!"

इस पर बप्पा खड़े हो गये। भैया के पास जाकर बोले,

"जगदीश !...सीधी तरह खाओगे...कि उठाएँ और ले चलें उरावाँ ...कि फिर नाम भी नहीं ले पाओगे बियाहे का...!"

सब लोग दंग रह गये। सन्नाटा छा गया। तिवारीजी भी घबरा गये। बप्पा की आवाज से लगता था कि फट पड़ेंगे। एक पल को भैया का मुँह तमतमा गया। देवमणि की तरफ देखा...फिर चुपचाप खाने लगे। धीरे-धीरे सभी ने खाना शुरू कर दिया। किसी-किसी ने कोई दिल्लगी करने की कोशिश की...मगर लोग हँस नहीं सके। किसी तरह नेगचार पूरा हुआ और हम लोग बाहर आ गये।

रात-भर सन्नाटा-सा छाया रहा। कुछ बराती घूमने निकल गये और कुछ ताश खेलने लगे। बाकी लोग चुपचाप बिस्तरों पर पड़े रहे।

इस तरह भैया का ब्याह हो गया।

जब विदाई का समय आया तो बरात के बच्चे तिवारीजी के घर के भीतर तक चले गये थे। मैं भी वहीं आसपास घूमता रहा। ...भाभी को पहली बार बिना घूँघट के देखा। सचमुच बहुत सुंदर थीं। सब लोग फूट-फूटकर रो रहे थे...मगर वे चुप थीं। कोई एक बूढ़ी औरत रो-रोकर कुछ समझाती जाती थी। भाभी न सिर हिलाती थीं ...न कुछ कहती थीं। ले जाने के लिए जब औरतें उठाने लगीं...तो अपने आप खड़ी हो गयीं और इधर-उधर देखने लगीं। फिर बोलीं, "...दादा ?...दादा कहाँ हैं ?"

मगर तिवारीजी का कोई पता नहीं था। भाभी की आवाज काँपने लगी। बोलीं, "...दादा को लाओ...। कहाँ हैं दादा ?"

लोग यहाँ-वहाँ ढूँढ़ने लगे। तिवारीजी कहीं नहीं मिले। भाभी की आँखें बराबर खोजती रहीं।...अचानक अटारी पर से किसी ने आवाज दी। पता लगा कि सीढ़ियों के पास अँधेरे कोने में मुँह छिपाये तिवारीजी चुपचाप अकेले बैठे हैं और आने से इनकार कर रहे हैं। ...भाभी कुछ नहीं बोलीं। अपनी जगह फिर चुपचाप बैठ गयीं और जमीन की तरफ ताकने लगीं। बड़ी मुश्किल से लोग तिवारीजी को नीचे लाये। उनकी आँखें लाल हो रही थीं। बूढ़ा चेहरा जगह-जगह काँप रहा था। सबको मालूम हो गया कि रोते-रोते सँभलकर चले आये हैं।...भाभी लगातार

उनके मुँह की तरफ देखती रहीं। फिर भर्रायी आवाज में बोलीं, "...दादा...हम जाते हैं...!"

तिवारीजी दूसरी तरफ ताक रहे थे। लगता था...भाभी की तरफ देख नहीं पायेंगे। सबने रोना बंद कर दिया था। चुप्पी साधकर तिवारीजी की तरफ ताक रहे थे।...अब भाभी ने ही उनके आगे आकर कहा, "...दादा....हम जायें ?"

अब तिवारीजी अपने को सँभाल नहीं पाये। भाभी से लिपट गये और फूट-फूटकर रोने लगे। रोते-रोते कहने लगे, "हमको माफ कर देना बिट्टी, हमसे भूल हो गयी।" उनके आँसू रुकने में ही नहीं आते थे...सिसकियाँ थम ही नहीं रही थीं। फिर भी बोलते चले जा रहे थे, "जो...जो ठीक लगा...वही किया हमने...सबकी भलाई के लिए...!"

लेकिन भाभी बिलकुल नहीं रोयीं।...बाहर लोग गुहार मचा रहे थे कि जल्दी करो...विदाई की बेला निकली जा रही है। एम्बेसेडर गाड़ी बाहर खड़ी थी और नया सफारी सूट पहने हुए भैया भाभी का रास्ता देख रहे थे।...मगर भाभी का मुँह पत्थर की तरह कठोर हो गया था। न बोल रही थीं...न हिल रही थीं।...कुछ औरतों ने तिवारीजी को सँभाला, तो कुछ भाभी को लेकर आगे बढ़ने लगीं। बप्पा परजा को हर एक का नेग दे रहे थे...नाई, पासी, कहार, दुगुना नेग पाने के लिए हठ कर रहे थे।...भाभी के मुँह पर अब लम्बा घूँघट आ गया था।...गाड़ी पर बैठा दिया गया...तो वे उसी तरह बिना हिले-डुले बैठी रहीं। नेगचार पूरा हुआ तो बरात लौटने लगी। सभी लोग हँसने-बोलने लगे। मोटर चली तो भाभी में कुछ हलचल हुई। उन्होंने पीछे के काँच की तरफ मुँह घुमाया। उनके दादा फूट-फूटकर रो रहे थे।...उनके भाई लोग उन्हें सँभाल रहे थे। गाड़ी की चाल तेज होती गयी...मगर भाभी लगातार उसी तरफ देखती रहीं।

दो

बड़ी खुशियों के साथ ब्याह हो गया। भाभी को पाकर भैया बहुत खुश हुए। घर से बाहर निकलना बहुत कम हो गया। निकलते भी तो थोड़ी देर बाद ही लौट आते। ब्याह करवाने में अम्माँ सबसे आगे थीं। मगर अब अम्माँ ही सबसे बढ़कर चिढ़ने लगीं। चिढ़ भाभी पर उतारने लगीं। रात हो जाने पर दुआरे की खटिया पर जब बप्पा पड़े होते...तो किसी न किसी बहाने जरूर पहुँच जातीं। कभी पानी का लोटा धरने पहुँच जातीं तो कभी खाने-पीने की चीज ले जातीं। कहतीं, "तनिक पानी पी लेव !" जब बप्पा पानी पीते होते तो बहू का रोना चालू कर देतीं। कहतीं कि बहुरिया ने जगदीश पर कुछ जादू-टोना कर दिया है। जब देखो कोठरिया में घुसा रहता है। ब्याह तो बहुत देखे हैं...मगर ऐसा नहीं देखा। बप्पा चुपचाप सुनते रहते...कुछ नहीं कहते।...कभी कहतीं कि बहू कामधाम से जी चुराती है...रानी बनी कोठरिया में पड़ी रहती है।...बप्पा कभी घुड़ककर अम्माँ की तरफ देख भर लेते थे...कहते कुछ नहीं थे। आये दिन का अकाल-सूखा उन्हें वैसे ही परेशान किये रहता था। अम्माँ की बात उन्हें अच्छी नहीं लगती थी।

अम्माँ की बात मुझे भी अच्छी नहीं लगती थी। एक तो बात सच नहीं होती थी—मैं भाभी को सदा काम में लगा देखता था। बड़ी भोर उठकर झाड़-बुहार और आँगन लीपने में लग जाती थीं। दूसरे, नयी बहू से काम कराना कोई अच्छी बात नहीं थी। तिस पर भी अम्माँ का रोना चलता रहता था। भैया मुझसे कहते, "महेस ! अपनी भौजी को भीतर भेजो ! कहना, बुला रहे हैं।"...भाभी का मुँह उतर जाता। दुखी हो जातीं। कहतीं, "देख तो रहे हो भैया...अम्माँ पहले ही गुस्सा बैठी हैं...!" भैया नाराज हो जाते। कहते, "...कहो कि हम बुला रहे हैं...तुरंत...अभी !"...आखिर काम छोड़कर भाभी भीतर चली जातीं। इसके बाद अम्माँ का गुस्सा सँभाले नहीं सँभलता।...मैं जब हार में काम करता...तो मुझे लगातार भाभी का खयाल आता रहता। उनके सुंदर चेहरे पर पीड़ा के भाव देखता...तो भूल नहीं पाता।

...क्यों ऐसा हो जाता है ? अम्माँ क्यों भाभी को दोष देती हैं ? दो साल के सूखे से सूखकर खेत की माटी पत्थर हो गयी थी। रजुआ मजूर घंटों चिलम पीता रहता। बैलों की गोईं घंटों खड़ी रहती...हल वैसे ही लगा रहता। मेरा ध्यान क्यों नहीं जाता था ?...साँझ के झुटपुटे में जब लौटता तो सिवराहावाली काकी तुलसी के चौरे पर दीया जलाती मिलतीं। उनके गले और गीत में बड़ा दर्द था। मैं सब रोककर सुनने लगता–'सँकरी मोहरिया...बाट न पाऊँ...ठाढ़ी दुअरिया मैया गोहराऊँ' या 'कइसेक दरसन पाऊँ मैया तोरी सँकरी किंवरिया।'...मैं चुपचाप खड़ा सुनता रहता। अचानक ठिठक जाता। सामने अँधेरे की आड़ में भाभी भी खड़ी होती थीं। उनके हाथ गोबर माटी में सने होते थे ...सामने आधा लिपा ओसारा होता था। मुझे देख लेतीं...तो फिर काम में लग जातीं। मुझे दुख होता था...बुरा लगता था।

एक दिन मैंने कहा, "अब तो साँझ हो गयी है, तुम्हारी लीपापोती अब भी खतम नहीं हुई...?"

बोलने से पहले हँसती जरूर थीं। कहतीं, "क्या करें...बहुत बड़ा घर है तुम्हारा। पूरी गढ़ी है...।"

बात बदल देता। कहता, "गिलास-भर चाय बना देतीं...तो जरा अच्छा लगता। बहुत थक गये हैं...!"

तुरंत हाथ धोकर चौके में चली जातीं। काकी की आवाज में दर्द...कहाँ से आ गया है ! भाभी को क्यों इतना भाता है ? मुझे भी क्या हो जाता है ? हमारा घर सचमुच बहुत बड़ा है...मगर इतना नहीं कि कोई गढ़ी कहे। बहुत पहले कभी एक घर बना होगा। वही अब हमारा बड़ा घर हो गया है। यहीं हम लोग रहते हैं। बरोठे में भीतर ही भीतर जो किवाड़ हैं...छोटे घर में खुलते हैं। इसे काका ने बनवाया था।...वहीं रहते भी हैं। भीतर ही भीतर पिछवाड़े की तरफ भी एक घर है। पता नहीं कब बना था। भुसौरा, खँव और कोठार यहीं हैं। मालूम नहीं किस ज़माने का अंगड़-खंगड़ यहाँ पड़ा है। अनाज और भूसा यहीं भरा जाता है। काका ने जो कटर मशीन लगवायी है...यहीं लगवायी है। यह घर भयानक लगता है। खलिहानों से जब

भूसा आता...धन्नियों तक भर जाता। अनाज की बोरियों की थप्पियाँ यहीं लगती थीं। कड़बे...झाँखरों...पुआल के ढेरों के पार कुछ दिखायी नहीं देता था। खँवें गहरी थीं...जैसे कुइयाँ हों। पटरों से उनका मुँह बंद रखा जाता था। खाली खँवों में कोई गिर जाये तो बाहर आवाज भी न सुनायी दे। कहते हैं कि बहुत पहले हमारे घर की एक बहुरिया यहीं मर गयी थी। यह भी सुना है कि उसको भीतर डालकर मुँह पटरों से बंद कर दिया गया था। कई दिन बाद जब मिट्टी निकाली गयी ...तो बदबू के मारे क्रिया कर्म करना भी मुश्किल हो गया।...गोठ भी लगी हुई थी। गाएँ-भैंसें बहुत रंभाती रहीं।...मगर मैं हैरान हो गया। इस घर की सफाई भी भाभी से ही करायी जाती थी।...जब चाय लेकर आतीं...तो आधी चाय उनको जरूरत देता था। वहीं बैठकर पी लेती थीं। पीते-पीते थोड़ा-बहुत बोलती भी जरूर थीं। अम्माँ के बारे में तो कुछ नहीं कहतीं...मगर भैया के बारे में जरूर बोलतीं। ...भैया बार-बार एक ही बात कहते थे--भाभी नये-नये फैशन के कपड़े पहनें और उनके साथ घूमने जाएँ।...भाभी को इस सबका शौक नहीं था। अम्माँ और घरवालों का डर भी लगता था। एक दिन देवमणि जीप लेकर आ भी गये थे...मगर भाभी ने साफ मना कर दिया। भैया का कहना था कि भाभी जींस और शर्ट पहनें। हँसते-हँसते भाभी का बुरा हाल हो जाता। "...का हो गया है तुम्हारे भैया को !...कमीज, पतलून पहन के हम कहाँ मुँह दिखायेंगे...!"

मगर भैया कभी नहीं मानेंगे। इस देहातीपन से बहुत ऊपर उठ चुके हैं। घटियापन कभी नहीं सह सकेंगे। इसी से आये दिन कलह होती रहती है। कभी अम्माँ गुस्सा हैं तो कभी भैया। मगर एक दिन तो सभी की भौंहें तन गयीं। देवमणि बड़े कामकाजी आदमी हैं...समय नहीं मिलता है। मगर फिर भी जीप लेकर आ गये। भैया बहुत खुश थे। पहले से तय रहा होगा। मैंने भीतर जाकर देखा तो दंग रह गया। भाभी ने हार मान ली थी। कामधाम छोड़कर बनाव-सिंगार में लगी थीं। उनका वह रूप...तिस पर वह सिंगार। देखनेवाला देखता ही रह जाये। भैया मगन थे। भाभी ने रूखे-रूखे उलझे बाल आज जतन से

एेंठे थे। हल्का-हल्का क्रीम और पाउडर। फॉरिन की कोई ख़ुशबू भी लगायी थी। अपनी आँखों पर भरोसा नहीं हुआ। कोठरी से जब निकलीं तो शलवार-कमीज पहने थीं। सिर पर झीना-सा दुपट्टा। मैं दंग रह गया। इतनी सुंदरता !...मगर मुँह पर मुर्दनी छायी थी।... गाँव-घर की किसी बहू ने कभी पंजाबी ड्रेस नहीं पहना था। कुँआरी लड़कियाँ छुटपन में जरूर पहन लेती थीं...मगर बड़ी हुईं कि सब बंद कर दिया जाता था।...भाभी की लाल आँखें सूज गयी थीं। पाउडर की परत कुछ छिपाने की कोशिश कर रही थी। कोई फायदा नहीं। ...हलका घूँघट खींचकर जीप पर पीछे की तरफ बैठ गयीं...सब देखते रह गये। दुआरे बैठे बप्पा का मुँह काला पड़ गया। काका जैसे चौंधिया गये। उठकर देवमणि से बात करने लगे। अम्माँ कब बाहर आ गयीं ...किसी ने नहीं देखा। बप्पा से बोलीं, "देख लेव ! फिर न कहना कि सारी खोट हमही में है...!"

मैं बहुत बेचैन हो गया था। कभी बाहर आता तो कभी भीतर जाता था। अँधेरा घना हो गया था। बप्पा सानी-पानी में लग गये थे...अम्माँ चौके में चूल्हा जला रही थीं। कोई किसी काम में ध्यान नहीं लगा पा रहा था। समय बीतता जाता था...घर की चुप्पी घनी होती जाती थी। कई घंटे बीत गये...ये लोग नहीं लौटे।...मन में आया कि देवमणि के गाँव जाकर पता लगाऊँ...मगर रास्ता लंबा था...रात घिर आयी थी। मैं बार-बार बप्पा के मुँह की तरफ ताकता था। उनका मुँह लगातार फीका पड़ता जा रहा था। किसी न किसी काम में अपने आपको लगाये रख रहे थे। अम्माँ का मुँह उसी तरह था। घर में सन्नाटा खिंच गया था।...आखिर रात ग्यारह बजे के आसपास दूर से जीप की आवाज सुनायी दी। सबके कान खड़े हो गये। पहले तो लगा कि कहीं और चली जायेगी। मगर गलियारे के मोड़ पर जब घूमी तो उजाला फैल गया। हम लोग लपककर ड्योढ़ी पर आ गये...गाड़ी रुकी तो पहले भाभी उतरीं...फिर सहारा देकर भैया को उतारने लगीं। मगर भैया इतने धुत थे कि भाभी सँभाल नहीं पा रही थीं। देवमणि नहीं आये थे। उनका ड्राइवर छोड़ने आया था। बहुत बेबस होकर

भाभी ने पुकारा, "महेश !...महेश भैया !"

मैं लपककर आगे बढ़ गया। भैया को सहारा देकर हम दोनों किसी तरह दुआरे पड़ी खटिया तक लाये। भैया वहीं लुढ़क गये... तो भाभी जल्दी-जल्दी भीतर चली गयीं। सब लोग खड़े तमाशा देखते रहे। धुँधले उजाले में भी साफ दिखायी दे गया था कि भाभी का सारा सिंगार इधर-उधर हो गया है...वे बदहवास हैं। जीप चली गयी...फिर भी देर तक किसी के मुँह से बोल नहीं फूटा। फिर भैया ने एक-दो बार करवट बदली और ओकारी भरने लगे...फिर वहीं उल्टी कर दी। कच्ची दारू की सड़ाँध चारों तरफ फैलने लगी। पता नहीं क्या-क्या खाया था। सब निकल गया। मैंने पीठ सहलाने की कोशिश की... और कोई पास नहीं आया...। फिर ओकारी भरी...फिर उलटी कर दी। भाभी नहीं निकलीं। फिर उलटी हुई तो धीरे-धीरे चलती हुई पास आकर खड़ी हो गयीं। एक धोती लपेट ली थी...माथे पर पल्ला खींच लिया था। मुझसे बोलीं, "तनिक पानी ले आते...!"

दुआरे की कुइयाँ से ही मैंने दो डोल पानी खींच लिया। भाभी गंदगी साफ करने लगीं। भैया के हाथ-पाँव धोये। मैंने सिर पर चार लोटा पानी उड़ेल दिया...तब कहीं शांत हुए। सब लोग इधर-उधर हो गये, तो मैंने कहा, "क्या हुआ ?...तुम लोग कहाँ चले गये थे ?"

भाभी के हाथ और तेज चलने लगे। मेरी तरफ देखा ...तो आँखें डबडबा रही थीं। दुआरे की बत्ती टिमटिमा रही थी। आँखों का पानी झिलमिल हो रहा था। एक फुसफुसाहट-सी सुनायी पड़ रही थी—ले गये थे...कुत्ते के आगे मेहरिया को नचाने। धिक्कार है...शरम नहीं आयी।...हमही थे जो ऐसी लात मारी है कि फिर इधर को मुँह नहीं करेगा...कूकुर का जाया !...इसके घर में बहू-बेटियाँ नहीं हैं !...इसका नाश हो...!

उनका क्रोध आँसू बनकर बहने लगा। गंदगी पोंछती जाती थीं ...बड़बड़ाती जाती थीं।...भाग्य को कोसती थीं...रोती जाती थीं। ...मैं सुनता जाता था ! जहाँ गये थे...कोई औरत नहीं थी। घर नहीं था...बँगला था। कहा गया था...देवमणि के बाल-बच्चों से मिलने जा

रहे हैं। वहाँ कोई नहीं था। भीतर अकेली बैठी रहीं। बाहर दोनों शराब पीते रहे।...रात काफी होने लगी...तो भैया ने बुलाया...कहा कि दोनों के साथ बैठें...अपने हाथ से भरकर शराब पिलायें ! बड़े आदमियों की औरतें साथ में बैठके खुद पीती हैं। गँवई गाँव के रंग-ढंग छोड़ो ! यह घटियापन नहीं चलेगा।...नशे में धुत थे...मगर वह कुत्ता होश में था। निगाह में लुच्चापन था।...बड़े संकट में पड़ गयीं। अपने ही आदमी का सहारा नहीं रहा।...उठ के खड़ी हो गयीं ...भैया का हाथ पकड़ा। कहा...चलो...अभी चलो...यहाँ एक पल नहीं रुकेंगे ! भैया ने हाथ झटक दिया...फिर दारू पीने लगे।...वैसे ही खड़ी रहीं...फिर बोलीं...अच्छा, तो हम जाते हैं...अकेले जायेंगे। ...निकलने लगीं...तो वह कूकुर का जाया हाथ पकड़ने लगा।...ऐसा धक्का दिया कि मुँह के बल गिरते-गिरते रह गया। बोलीं—कोई नाजुक-फाजुक न समझना...छाती पर बैठकर खून पी जायेंगे तेरा ...लहास उठेगी तेरी, याद रखना !...और यह आदमी...हमरा मरद ...दारू पीता रहा...हमको ही गरियाता रहा।...बाहर निकले...अँधेरे में जौन राह मिली...चलने लगे। कहाँ जा रहे थे...मालूम नहीं। तब पीछे से इसकी जीप आयी। ये बेसुध पड़े थे। ड्राइवर बोला—चलो, घर छोड़ देते हैं। पहले तो डरे, मगर आदमी भला लगता था। बैठ गये...सबके सामने, भाँवर डाल के हाथ पकड़नेवाला...ये हमारा मरद !...थू है...थू है...!

...बहुत रोती रहीं। उसी आदमी की गंदगी धोती रहीं। मैंने कहा, "बहुत हो गया...अब तुम भीतर जाओ...!"

लोटे का दो छींटा पानी अपने मुँह पर मार लिया...धोती के खूँट से मुँह पोंछा...फिर भीतर चली गयीं।

मगर यह तूफान नहीं था...बस, शुरुआत थी। बप्पा तो दुआरे की खटिया पर पड़े रहे...पर अम्माँ को चैन नहीं पड़ा। छोटे घर से सिवराहावाली काकी को बुला लायीं। बोलीं, "यहै हमारे घर की मरजाद है ! घर की मेहरिया न भईं...नचिनी ह्वै गयीं कि बन-ठन के पराये मरदन के साथ गुलछर्रे उड़ौती फिरती हैं...!"

काकी को अम्माँ की बात नहीं जँची। बोलीं, "बुरा न मानो जिया...बहुरिया की कौनो गलती नहीं है। दोस तुम्हारे बेटवा का है। जइस नचावत है...नाचती है बिचारी...! का करै !"

अम्माँ ने बहस नहीं की। बोलीं, "तनिक पूछौ तो वहिसे...कहाँ गयी...का भया और कइसे पहुँची हियाँ तक...!"

अम्माँ का इरादा मुझे जरा अच्छा नहीं लगा। मगर काकी ने बात मान ली। देर रात तक भाभी की कोठरी में बैठी रहीं। सवेरे होते ही अम्माँ बप्पा के पास पहुँच गयीं। अपनी तरफ से जोड़-जाड़कर कुल कहानी कह सुनायीं। सब लोग संगम गढ़ के डाक बँगले में गये थे। वहीं पीना-खाना हुआ। देवमणि तो होश में रहे...मगर भैया बहुत पी गये। इसके बाद ?...अम्माँ का कहना था कि इसके बाद का हाल बहुरिया छिपा रही है। भ्रष्ट है...कुलटा कुलबोरनी है...तभी तिवारी इसको हमारे मत्थे मढ़ गये हैं।

सारा हाल सुनकर बप्पा अचानक खड़े हो गये। भैया उठ गये थे...खटिया पर बैठे-बैठे तमाखू मल रहे थे। अम्माँ चिल्लायीं, "नहीं, नहीं...जगदीस से कुछ न कहेव।...वहिका दोस नहीं है। ऊ बिचारा..."

मगर बप्पा नहीं रुके। आँखों से चिनगारियाँ निकल रही थीं। ललकारकर बोले, "कहाँ गये थे रात को ?"

भैया ने ऊपर से नीचे तक उनको देखा। बोले कुछ नहीं। उसी तरह तमाखू मलते रहे। इस बार बप्पा इतनी जोर से दहाड़े कि आसपास के लोग निकल आये। बोले, "सुना नहीं...का कहा हमने ?"

मगर भैया पर असर नहीं हुआ। बोले, "अब यह हिसाब भी देना पड़ेगा कि कहाँ-कहाँ जाते हैं हम...।"

जैसे बागी हो गये थे। ऐसा जवाब पहले कभी दिया नहीं था। बप्पा के क्रोध का ठिकाना नहीं रहा। चीखकर बोले, "...क्या कहा !" और बुश्शर्ट का कॉलर पकड़कर भैया को उठा लिया।

इस समय चारों तरफ से लोग दौड़ पड़े। उधर से अम्माँ आयीं ...इधर से काका लपके। जगेसर बैलों की सानी कर रहा था। वैसे

ही भरे हाथों दौड़ा। रामदीन जल्दी-जल्दी रस्सी खींचने लगा। भरी बालटी कुइयाँ की जगत पर पटकी और भागा। अम्माँ चिल्लाकर बोलीं, "हाँय, हाँय,...मारना मत...!"

रामदीन और जगेसर बप्पा को छुड़ाकर अलग करने लगे। मगर बप्पा अनाप-शनाप बक रहे थे।...अम्माँ चिल्ला-चिल्लाकर बप्पा को कोस रही थीं और बहुरिया को गरिया रही थीं। घर के दुआरे ऐसा हल्ला कभी नहीं हुआ था। औरतें-बच्चे...सब घरों से निकल आये थे। बप्पा चीख-चीखकर कह रहे थे, "नहीं रामदीन, छोड़ो हमको। आज फैसला हो जायेगा...हम जिंदा रहेंगे कि यह साला जिंदा रहेगा। ...नाक में दम कर रखा है। घर की मान-मर्यादा बाजार में बेच रहा है।...नहीं, नहीं ...तुम हट जाओ। आज हम छोड़ेंगे नहीं इसको...!"

उन्हीं के साथ-साथ अम्माँ भी चिल्लाती जा रही थीं, "लड़िका मिलि गवा है सेंत में !...मारो...खतम करि देव...काहे छाँड़त हो ! ...बहुरिया के पाप न देखो...बेटवा की जान लै लेव ! बड़े आये..."

साथ ही भैया भी चीख रहे थे, "तुम छोड़ दो रामदीन ! देखें क्या करते हैं हमारा। कोई और समझा होगा। बहुत मार खा लिया हूँ। अब नहीं चलेगा सब।...जलते हैं देख के।...जलो ! हम कोई तुम्हारी तरह नहीं हैं। हमारी सुसाइटी बहुत ऊँची है।...एमेले... मिनिस्टर...फिल्म स्टार...डाइरेक्टर...सब लोगों में हमारा उठना-बैठना है...कि जो तुमको अपनी देहरी पर भी चढ़ने न दें...वाचमैन घुसने भी न दें।...टुटपूँजिये कहीं के !"

काका भी चुप नहीं रहे। बप्पा से बोले, "जवान बेटे पर हाथ उठाते हो ! ...उलट पड़ा है तो का इज्जत रह गयी ! जगेसर...जगदीश को भीतर ले जाओ। जाओ जगदीश...भीतर जाओ। बड़े लोगन के साथ बेतमीजी से बात मत करो !...जाओ भीतर...कहा न...!"

भैया भीतर तो चले गये...मगर सूटकेस में कपड़े भरने लगे। भाभी अकेले कोने में चुपचाप बैठी थीं। न चाहते हुए भी उठीं और सामने आकर खड़ी हो गयीं। बोलीं, "यह का कर रहे हो ?"

भैया रुके नहीं। कपड़े डालते हुए बोले, "फिकर मत करना। बंबई पहुँचते ही फ्लैट ले लेंगे...फिर ले जायेंगे तुमको।...समझते क्या हैं ये ! हम कोई ऐसे-वैसे नहीं हैं। फिल्म स्टार लोग दौड़े चले आते हैं मिलने। हम खुद काम करेंगे तो चुटकी में लाखों कमा लेंगे। ये साले ऐसे ही पिसते रहेंगे और हम कहाँ के कहाँ पहुँच जायेंगे।"

न जाने कौन-सी मजबूरी थी कि भाभी की आँखों से आँसू टपकने लगे। रोते-रोते बोलीं, "नहीं-नहीं...हमको यहाँ छोड़ के मत जाओ। कसम है तुमको ! इतनी बात मान लेव...!"

लग रहा था कि बहुत छटपटा रही हैं। जैसे कोई हिरनी जाल में फँस गयी हो।

लेकिन भैया अपना काम करते रहे। बप्पा के लिए ऐसी-वैसी बातें कहीं कि सुनी नहीं जाती थीं। बोले, "ये बाप नहीं है...दुस्मन है। यही है जो हमारी बढ़ती देख के जलता है। समझता है कि इससे बड़ा कोई हइये नहीं। मगर हम भी ऐसा पाठ सिखाऐंगे कि याद करेगा...।

अम्माँ-काका भी समझाने लगे। मगर भैया बोले, "फिकर काहे करते हो तुम लोग ! जाते ही सबको बुला लेंगे। वहाँ देखना कि हम क्या करते हैं और कैसी सान से रहते हैं...!"

गाँव-भर में खबर फैल गयी कि भैया फिर बंबई जा रहे हैं। थोड़ी देर में हीं अच्छा-भला जमाव हो गया। हर दूसरे साल खेती बरबाद हो जाती थी। दो-चार छींटे पड़ते...लोग जोताई करते। फिर मूड़ पर हाथ धरे बैठे रहते। दिन बीतते जाते...मगर बादल नहीं आते। ...मँगरू लोध आया...हाथ-पाँव जोड़ के वहीं जमीन पर बैठ गया। इस समय नींबी के चौरा पर बैठकर भैया जगेसर को कुछ समझा रहे थे। मगरू चुपचाप उसी तरह बैठा रहा। इधर उसकी हालत बहुत खराब हो गयी थी। थोड़ी-बहुत खेती थी...उसमें भी होता जाता कुछ नहीं था। जरा-सी जमीन में तीन भाई हिस्सेदार थे। किसी के पल्ले कुछ नहीं पड़ता था। फसल के समय कटाई की थोड़ी-बहुत मजूरी मिल जाती थी। इधर साल-दो साल से हाथ पर हाथ धरे बैठा था। या फिर बीच-बीच में सुभानपुर जाकर रिक्शा चलाता था। आधे से

अधिक कमाई तो रिक्शे के भाड़े में चली जाती थी। कभी सवारियाँ इतनी कम मिलतीं कि रिक्शा-मालिक को भाड़ा देना भी भारी हो जाता था। मुझे मँगरू पर बहुत दया आती थी। पिछवाड़े बुलाकर थोड़ी-बहुत जोन्हरी दे दिया करता था। ऐसे देता था कि रामप्रसाद काका को पता भी न चले।...जगेसर जब चला गया तो मँगरू सरककर भैया के पास पहुँच गया और पाँव दबाने लगा। फिर बोला, "बंबई जा रहे हो मालिक...तो हमारी सुध न बिसारना...यहै बिनती करने आये हैं...!"

भैया पैर दबवाते रहे...बीच-बीच में अपने ऐक्टर ढंग के बालों पर हाथ फेरते रहे। बोले, "तू फिकिर काहे करता है साले ! हमारा नाम जानता है न ! एक बार जौन बात कह देते हैं...पत्थर की लकीर बन जाती है। सारी बंबई जानती है हमको।...अबकी तेरा काम जरूर होगा।...नौकरी पक्की समझ। ...नौकरी ऐसी कि ऐस करेगा तू। एक बार कह देंगे तो किसी भी करोड़पति का इंचार्ज बन जाएगा।...नहीं तो हम ही अपने पास रख लेंगे...!"

मुझे लगता था कि मँगरू के पास सपनों में जीने के सिवा कुछ बाकी नहीं रह गया है। इसीलिए भैया की बात सुनकर आँखें मूँद लीं...और भी प्रेम से भैया के पाँव दबाने लगा। भैया इधर-उधर देखने लगे।...कहाँ हैं बप्पा ? देख लेवें अपनी आँख से...

मगर मँगरू के पीछे ही मखना नाऊ का बेटा रामपियारे और धन्नू गड़रिये का भाई कलुआ भी पहुँच गये। बड़े आदर से भैया को पालागी किये और जमीन पर ही बैठ गये...। मखना नाऊ अब भी जिंदा है। मगर हालत देखी नहीं जाती। सुना है, बहुत पहले मखना को ब्राह्मण कहलाने का भूत सवार हो गया था। सबसे कहता फिरता था कि नाई भी ब्राह्मण होते हैं। ब्रह्माजी की नाभि से जनम हुआ ...इसी मारे नाई कहलाये। सतजुग में इन्हें न्यायी ब्राह्मण कहा जाता था। अब एक दिन आएगा कि नाई भी ब्राह्मणों के साथ रोटी-बेटी का ब्यौहार करेंगे।...गाँव के ब्राह्मण आग-बबूला हो गये। सबसे अधिक क्रोध रामनिहोरी पांडे को हुआ। रामनिहोरी आज भी बड़े

धार्मिक पुरुष हैं। जैती नदी के किनारेवाले शिवालय में शिवलिंग पर रोज एक सौ एक गगरा जल चढ़ाते हैं...तब खुद जल ग्रहण करते हैं। सुना, सभी ब्राह्मणों को ललकार कर बोले थे, "मारो सारे नउआ को...जाने न पाये ! जान से मार देव...कि बाद में ऐसी मजाल कोहू का न होय...!" ब्राह्मणों के बीच तय हुआ था कि लाठियों से पीट-पीट के मखना के मूड़ को भरता कर दिया जाये...फिर लहास को ताल की जलकुंभियों में फेंक दिया जाये।...मगर मखना मरा नहीं। जब सुभानपुर के अस्पताल ले गये तो एक हाथ और एक पाँव काटना पड़ा। इसके बाद मखना क्या...कोई नाई न्यायी ब्राह्मण होने का दावा नहीं कर सका। मखना ने जिंदगी भर ब्राह्मणों की सेवा की थी। एक पाँव पर खड़े होकर एक हाथ से कुइयाँ का पानी खींचता था और एक ही हाथ से डोल को नाँद में उलटता था। खींची हुई रस्सी कभी दाँतों में दबाता कभी बगल में। कितनी नाँदें और कितनी टंकियाँ भर दी थीं। मगर अब बिछौने पर पड़ा मक्खियाँ उड़ाया करता था।... रमपियरवा बड़े दुख में था। उजाड़ सुनसान धरती की तरफ देखता और हाथ पर हाथ धरे बैठा रहता। भैया ने वचन दे दिया था...अबकी बंबई जरूर बुला लेंगे। एक बार वहाँ पहुँच गया तो सारे कष्टों का अंत हो जायेगा ...भैया उसे मुक्ति दे देंगे।...गड़रिया कलुआ भी यही याद दिलाने आया था। दो-चार घरों की गायें-भैंसें चराता था...मगर घास के मैदान जल्दी-जल्दी सूख जाते थे। उसकी माँ बहुत बार हमारे यहाँ आती थी। छोटे घर से काकी उसको थोड़ा-बहुत अनाज दे देती थीं। कभी-कभी अम्माँ भी देती थीं...मगर चार घंटे बैठा के और बहुत-सा काम करा के।...हाथ जोड़कर कलुआ यही विनती करता था, "भइयाजी...हमारा उद्धार करो। तुम्हारे सिवाय हमारा कोई नहीं...।" भैया ने उसको भी उद्धार का वचन दिया था।

दो-चार घंटों में ही ऐसा लगा कि गाँव के आधे से अधिक लड़कों को भैया बंबई ले जायेंगे...इस तरह सबका उद्धार कर देंगे। गाँव में रोजगार धंधा कुछ था नहीं...खेती-बाड़ी में कोई बरकत नहीं रह गयी थी।...भैया चाहते थे कि बप्पा बाहर निकलें और तमाम लोगों के

इस दरबार को अपनी आँखों से देखें। मगर बप्पा नहीं निकले...न मालूम किस बुरी चिंता में आँखें मूँदे बरोठे में पड़े रहे।...पहले तो मुझे लगा था कि भैया ऐसे ही धमकी दे रहे हैं।...बंबई-फंबई जायेंगे नहीं। मगर गाँव आये उन्हें लंबा अरसा हो गया था और शायद बंबई की याद भी सता रही थी। वे सचमुच जाने को तैयार हो गये।

दिन ढलना जब शुरू हो गया...तो भैया पूरी तरह तैयार थे। देर तक भाभी से कुछ बोलते रहे। फिर बाहर निकल आये। बढ़िया सफारी सूट पहन रखा था। एक अटैची थी और कंधे पर एक बैग झूल रहा था। अटैची कलुआ गड़रिये ने उठा ली। गाँव के लड़कों की छोटी-मोटी भीड़-सी लग गयी थी। सब उन्हें छोड़ने जा रहे थे। लगता था—कोई छोटा-मोटा जुलूस निकलने जा रहा है।...भैया बात तो अम्माँ, काका, रामदीन और जगेसर से कर रहे थे...मगर आवाज कुछ ज्यादा ही ऊँची थी...इतनी ऊँची कि बरोठे में पड़े बप्पा भी सुन लें। भैया कह रहे थे, "यह तो हमारे बायें हाथ का खेल है अम्माँ।...मगर तुम आना जरूर ! काका, तुम भी आना। तुम लोगों का सारा किराया-भाड़ा जाते ही भेज देंगे। साल-खाँड़ हमारे साथ रह लेना। फिर मन करे तो लौट आना...न मन करे तो वहीं रहना। ...वहाँ जैसा आराम यहाँ तो मिलेगा नहीं...।"

मूड़ नीचा किये भाभी आँगन लीप रही थीं। देह का सारा खून जैसे निकल गया था। एक बेजान मशीन चल रही थी। खाये-पिये बर्तनों का ढेर नर्दवा पर पड़ा था। बरोठे में पड़े बप्पा की आँखें बंद थीं। सो रहे हैं कि जाग रहे हैं...कुछ पता नहीं चलता था। घर के सब लोग दुआरे चले गये थे। मैं कभी बाहर जाता था...कभी भीतर आता था। आख़िर सोच लिया कि कहीं नहीं जाऊँगा...यहीं आँगन में नहाँ पर बैठकर भाभी के काम को देखता रहूँगा...हो सका तो थोड़ा हाथ बँटा लूँगा...!

पहले लगा था कि भैया जायेंगे तो भाभी रोयेंगी। मगर भाभी रोयीं नहीं। लगा कि जैसे पत्थर बन गयी हैं...चलता-फिरता पत्थर।

तीन

फिर यह पत्थर ऐसे ही चलता रहा। सारा बैसाख बीत गया। जेठ की चिलचिलाती गरमी शुरू हो गयी। छोटी रातों में भाभी सो पाती थीं या नहीं...मालूम नहीं। जब उजाला नहीं फैलता था...तभी से काम में लग जाती थीं। देर रात तक नर्दवा पर बर्तन धोती रहतीं।

हर तरफ आग जल रही थी। चिलचिलाती मिट्टी चिलचिलाती रही। एक छींटा भी नहीं पड़ा कि खेतों में एक बार ही हल चल जाता।

असाढ़ आ गया...मगर बादल नहीं आये। आधे असाढ़ में आना शुरू किया...तो आ-आकर छँटने लगे। या फिर छूँछे होते थे। हवा जरा तेज होती तो उड़ा ले जाती। फिर बूँदा-बाँदी हुई। गरमी और बढ़ गयी। उमसती हवा और चिपकती माटी में हल चला...बोआई हुई। थोड़ी-बहुत बरसात हुई...मगर बहुत कम थी। सावन और भादों में भी रुक-रुककर पानी बरसता...फिर आसमान साफ हो जाता। कुआर लगा तो खेतों में यहाँ-वहाँ फुनगियाँ निकली हुई थीं...फसल बेदम थी।

...फिर एक शाम अचानक भैया लौट आये। अच्छे कपड़े पहने थे....चेहरे पर चिकनाई थी। मगर सब लोग ठंडे थे। आधे लड़के कुआर लगते ही गाँव छोड़ गये थे। जो बच गये थे...भैया से निराश लगते थे। भाभी के मुँह का पथरायापन जरा कम नहीं हुआ था। अम्माँ थोड़ी खुश थीं...मगर काका भी ठंडे थे। तीसरा साल था। पानी ठीक पड़ नहीं रहा था। सबके मुँह वैसे ही मुरझा गये थे। अच्छे-अच्छे घरों की हालत खराब होने लगी थी...छोटे-मोटे लोगों की बिसात क्या ! सुभानपुर बाजार में चीजों के दाम लगातार बढ़ रहे थे। गरीब लोग न खा सकते थे...न पहन सकते थे। दूध दवाई के लिए भी दुर्लभ था। पानी लेने दूर-दूर जाना पड़ता था।...घटियापन से भैया को चिढ़ थी। कातिक उतरते-उतरते फिर बंबई चले गये। इस बार चुपचाप रवाना हुए। कइयों को बाद में पता चला। मगर कोई फर्क न पड़ा। भाभी के जीवन की मशीन उसी तरह चलती रही। भैया के आने से

न खुश हुईं...न जाने से दुखी।

फिर रबी की फसल कटी तो वही हाल रहा।

गेहूँ-चने के बिरले खेतों में कटाई हुई। अरहर कुछ अच्छी फली थी। मगर जाड़ा कोई खास नहीं पड़ा। यह सगुन भी अच्छा नहीं था। गरमी जल्दी ही शुरू हो गयी। मिरगा ऐसे तपे कि त्राहि-त्राहि होने लगी। हर जगह यही सवाल था कि क्या फिर सूखा पड़ेगा ? सोचकर ही हाथ-पाँव ठंडे होने लगते थे। व्रत, उपवास, नियम-धर्म सब जारी थे। इन्हीं का फल था कि असाढ़ लगा और बादल छा गये। फिर आँधी आयी...इसके बाद जोर की बरसात हुई। खुशी की ऐसी लहर उठी...कि पूछो मत। बच्चे नाचे। बड़े-बूढ़े आँखें मूँदकर परमात्मा की महिमा का गुणगान करने लगे।...सच्चे मन से की गयी विनती में बड़ा जोर है। ...वहाँ देर है...अन्धेर नहीं।...दूध का दूध और पानी का पानी !

मगर इसके बाद बहुत दिनों तक बादलों का कोई पता नहीं चला। बोआई खत्म करके हम लोग आकाश की तरफ निहारते रह गये।...भैया को गये छह महीने से ऊपर हो गया। दो-तीन चिट्ठियाँ भर आयी थीं। पता नहीं चला कि क्या कर रहे हैं...कब तक आयेंगे। सब लोग आकाश की तरफ टकटकी लगाये रहते...मैं भाभी को ताकता रहता। मौसम आये और चले गये...मगर भाभी के दिन-रात उसी तरह बीतते रहे। मैं मुँह-अँधेरे उठ जाता था। भाभी बड़े घर को बुहारती हुई मिलतीं। हार से लौटता...देखता कि भाभी धुआँते चौके में आँखें पोंछती हैं...गीली लकड़ियों को फूँकती जाती हैं। मेरा सारा ध्यान उन्हीं में लगा रहता।...विचित्र स्त्री हैं।...जिंदा हैं कि मरी हुई हैं ? सावन-भादों में थोड़ी बरसात हुई। लोग थोड़ा-थोड़ा खुश हुए।...बादल घिर आते। हवा में हलकी ठंडक हो जाती। मन थोड़ा खिल जाता। मगर जिसको नहीं खिलना था...नहीं खिला।...खेतों में थोड़ी-बहुत हलचल हुई। फिर खरीफ की फसल भी कट गयी। थोड़ा-थोड़ा अनाज, चारा, भूसा घरों में आ गया। मगर गाँव की उदासी में कोई फर्क नहीं पड़ा।

कातिक में भैया को गये पूरा साल हो गया।...इधर भाभी ने थोड़ा-थोड़ा हँसना शुरू कर दिया था। मुझे उनकी हँसी डरावनी लगती थी।...नहीं रहा गया तो एक दिन मैंने कहा, "अंगड़-खंगड़ वाली अँधेरी कोठरिया में झाड़-बुहार करने की क्या जरूरत है ? वहाँ तो कोई आता-जाता नहीं है।"

बोलीं, "का हो गया ?...काहे नहीं जाते कोठरिया में ?"

मैंने कहा, "मालूम है...वहाँ कौड़ियल साँप रहता है। कई दफे दिखा है। मारें-मारें तब तक बिला जाता है...। तुम बुहारने जाती हो ...अच्छा नहीं है...!"

फिर वही हँसी। बोलीं, "साँप का बौरा गया है जो हमको काटेगा ?...बहुत लंबी उमिर है हमारी...।"

मगर अम्माँ बिना डाँटे बात नहीं करती थीं। घर का सारा काम भाभी पर डाल दिया गया था। कहा यह गया था कि महरा-महरी सबको हार में मजूरी मिल गयी है। सब झूठ बात थी। खेती में इतना काम ही नहीं था कि लोग मजूर बुलाते। फसल के मौसम में भी मजूर खाली बैठे थे। मैं खुद बहुत मेहनत करता था।...मगर मुझे नींद क्यों नहीं आती ? खटिया पर पड़ते ही मैं सो क्यों नहीं जाता ? पड़ा-पड़ा आँगन के उस पार क्यों ताका करता था ? घर-भर की रसोई आजकल वहीं बनती थी। लकड़ी के चैले बीच-बीच में जल उठते थे...उजाले की भभक छोड़कर बिला जाते थे। एक ढिबरी टिमटिमाया करती थी। भाभी लगातार यहाँ से वहाँ दौड़ती रहतीं। आँगन की दूसरी तरफ दो-चार पत्थर पड़े थे। वहीं नर्दवा था। जूठे बर्तन पड़े रहते।...मक्खियाँ भिनभिनाया करतीं...एक कुत्ता आकर बैठ जाता या भौंककर गौरेयों की तरफ लपकता। दिन में कई बार भाभी बर्तन धोती रहतीं...या पत्थर पर कपड़े फींचती रहतीं। अम्माँ कई चक्कर जरूर लगातीं। कोई नया काम बता जातीं...या पुराने काम के बारे में डाँटने लगतीं।...कहानियों की किताबों में जो पढ़ा था...सब झूठ था। बार-बार लिखते हैं कि स्त्री दया, ममता और प्रेम की मूर्ति है। अम्माँ क्या स्त्री नहीं हैं ? मनगढ़ंत बातें लिखते हैं।...कोने पर पड़ी खटिया पर से टुकुर-टुकुर

ताका करता। सबको लगता कि थक कर सो गया है। किसी को नहीं मालूम कि भाभी के मुँह की तरफ ताका करता था। बीच-बीच में लपटें उठतीं...चेहरा और चमक जाता। उनके मुँह की सुंदरता मुझे सुख देती ...मगर पथरायी आँखों का अँधेरा बहुत दुखी करता।

इधर गरमी कुछ बढ़ने लगी थी। बड़ी रात जब काम खत्म हो जाता...तो कोठरी में जाने के बजाय आँगन के नहाँ पर बोरा डाल देतीं...देर तक वहीं पड़ी रहतीं। मेरा मुँह आसमान के तारों की तरफ होता...लेकिन मैं लगातार भाभी की छाया को देखता रहता। छाया कभी बोरे पर पड़ी रहती...कभी उठकर बैठ जाती। इस समय घर के सब लोग गहरी नींद में सोये होते। भाभी समझतीं कि आँगन की खटिया पर पड़ा मैं भी सो रहा हूँ। लेकिन एक बार लेटे-लेटे ही मैंने कहा, "भाभी...!"

बोरे पर बैठी पता नहीं क्या कर रही थीं। मेरी आवाज सुनकर चौंक गयीं। बोलीं, "...क्या हुआ ? सोये नहीं अबै तक...!"

मैंने कहा, "नींद नहीं आ रही है। मगर तुम कर का रही हो ?"

जवाब नहीं आया...तो मैंने कुछ उझककर देखा। राई के तेल की मैली शीशी रखी थी। कलाइयों, टखनों और एड़ियों पर तेल घिस रही थीं।

मैंने कहा, "क्या हो गया ? बहुत दुख रहे हैं का... ?"

लगा कि अँधेरे में हँस रही हैं। आवाज सुनाई दी, "यह सब तो चलता ही रहता है।...न दुखै तो जीवन काहे का...!"

उस रात देर तक बातें होती रहीं। मैंने कहा, "कुछ दिन के लिए शुक्लागंज काहे नही हो आतीं ?...मन बहल जायेगा।"

फिर वही हँसी। "का शुक्लागंज और का मिश्रागंज। जैसे गहाँ तैसे वहाँ ! हमारे लिए सब गंज बराबर हैं...।"

मैंने कहा, "वहाँ तुम्हारी पटती नहीं रही क्या ?"

एड़ियाँ बहुत पिरा रही थीं। जोर लगा-लगा के मलने लगीं। कहने लगीं, "हमारी सबसे पटती है भैया ! जो जैसा कहता है...मान लेते हैं। मगर कुँआरी बिटिया भार हो जाती है। अपने ही भाई-भावज बैरी

हो जाते हैं। हँसने-बोलने में भी पाप लगने लगता है।''

....क्या भाभी के चाल-चलन पर भरोसा नहीं रहा था ? या डर लगा कि कहीं कुछ उलटा-सीधा न कर बैठें ? या सचमुच किसी से लगाव होने लगा था, इसी से जल्दी-जल्दी ब्याह कर दिया और भाभी ने चुपचाप घर छोड़ दिया ? माँ जिंदा होतीं तो माँ से कुछ कहतीं।...मेरा मन होता था। रात खतम न हो...भाभी इसी तरह मुझसे बोलती रहें...बार-बार उनसे कुछ न कुछ पूछता। बार-बार जवाब देती जातीं। आँखों में नींद का आलस बढ़ता जाता...आवाज भारी होती जाती...तस्वीरें घूमती जातीं...मगर मैं बोलता चला जाता। 'सब देखता रहता हूँ। इतना काम करती हो...बहुत बुरा लगता है हमको,'...'भैया पर बहुत गुस्सा आता है। मैं होता उनकी जगह...तो भाभी को कोई दुख न होने देता। देवमणि का खून पी जाता।' ...न जाने क्या-क्या बोलता चला जाता। सब सुनती चली जातीं। फिर सप्तर्षि एक जगह से दूसरी जगह चले जाते। भाभी कहतीं, ''अच्छा, हम जाते हैं...!''

बोरा लपेटकर अपनी कोठरी में चली जातीं। मैं आसमान के तारों की तरफ ताकता रहता। आँखें उनींदी हो जातीं...मगर नींद नहीं आती। बस, तस्वीरें चलती रहतीं...!

बप्पा तड़के ही उठ जाते। भाभी और जल्दी उठ जातीं। लोग दोपहर को थोड़ा-बहुत लेट लेते। मगर भाभी न कमर टिकातीं...न पाँव फैलातीं। कभी पाँव सीधे करतीं...तो अम्माँ को तुरंत पता चल जाता। कोई न कोई नया काम बता देतीं। मैंने भी सोच लिया कि भाभी आराम नहीं करेंगी...तो मैं भी आराम नहीं करूँगा। तपती दोपहर में भाभी जब नर्दवा पर काम करतीं...तो मैं बाहर-भीतर के चक्कर लगाता।

इधर भैया की एक-दो चिट्ठियाँ आ गयी थीं। लिखा था--बड़े मजे में हैं। जल्दी ही और लोगों को बुला लेंगे। किसी बड़े फिल्मवाले ने उनको अपने फ्लैट में रख छोड़ा है...जाने ही नहीं देता। भैया अपना खुद का फ्लैट लेते-लेते रह जाते हैं।...फिल्मवाला रोक देता है। कहता है...यह भी तो तुम्हारा ही फ्लैट है। फिल्मवाले का नंबर दो या नंबर

तीन या पता नहीं कितने नंबर का धंधा है। भैया उसमें भी बराबरी की साझेदारी करने जा रहे हैं। रोज शानदार होटल में खाना खाते हैं। होटल भी कई स्टारवाला है। क्या करें ! लोगों को नाराज नहीं कर सकते।

...चिट्ठी लंबी होती थी...मगर खाली अपने बारे में ही लिखा होता था। यहाँ के किसी के बारे में कुछ लिखने की याद ही नहीं रहती थी। अम्माँ के बारे में लिख भी देते...मगर भाभी के बारे में कुछ नहीं लिखते। चिट्ठी रामप्रसाद काका के नाम आती थी।

लेकिन इधर हमारे गाँव के कुछ लोग बंबई से लौटे थे। किसी के यहाँ ब्याह पड़ गया था, तो किसी के यहाँ गौना।...मिलते सब थे...मगर भैया की बात कोई नहीं करता था। एक दिन काका ने पूछ लिया तो दुलरवा बोला, "...पंडितजी ! न ही पूछो तो अच्छा है...!" हमको कहने में सरम आयेगी !"

दुलरवा बंबई में ऑटोरिक्शा चलाता है। बहुत जगह आना-जाना पड़ता है। काका ने बहुत पूछा तो कहने लगा, "क्या बतायें।...इतने अच्छे घर के लड़िका हैं...कभी रांडों के गेस्ट हाउस में पड़े रहते हैं। कभी जग्गू पनवाड़ी के तख्ते पर सो जाते हैं। दारू में धुत होके कबहूँ पुलिया पर बेसुध पड़े रहते हैं ...तो कबहूँ नरिया में गिर जाते हैं। ...आप बड़े हैं। भूल भई होय तो हमको दुई थप्पड़ मार लेना...मगर कहना पड़ता है। बड़ी सरम आती है। अपने गाँव-घर के आदमी...!"

काका चुपचाप सुनते रहे। फिर कुइयाँ की तरफ देखा...मैंने कहीं सुन तो नहीं लिया। फिर दुलरवा से बोले, "ठीक है दुलारें...जो है सो तो हई है।...मगर यह बात तुम हमसे बोले हो तो बोले हो...किसी और से न कहना...!"

दुलरवा बातचीत में चुस्त है। तुरंत बोला, "अरे पंडितजी की बात ! जो जीभ से निकले तो कलम कर देना हमारी जीभ...!"

लगा नहीं कि इससे काका को कोई दुख हुआ। वैसे भी इधर खिले-खिले से रहते हैं। देह उनकी पहले से ही हट्टी-कट्टी और चुस्त है। उमर में बप्पा से छोटे भी बहुत हैं। बीच में तीन भाई-बहन बचे

नहीं थे। आजकल काम भी शायद अच्छा चल रहा है। रुपये-पैसे से मजबूत पहले ही थे...अब और भी हो गये हैं। शाकिर अली और देवमणि के साथ मिलकर धंधा चला रहे हैं। मुँह पर नयी चमक है ...बातचीत में दबंग हो गये हैं।...मगर दुलरवा की बात बस बात ही नहीं थी। चारों तरफ फुसफुसाहट हो रही थी। मुँह पर कोई नहीं बोलता था...जानते सब थे।

...बिंदादीन की मढ़ी के उस पार जैती का पानी सूखने लगा था। ...गाय-भैंसों को पानी पिलाने भी दूर ले जाना पड़ता था। कलुआ गड़रिया जब से चला गया...गोरुओं को मैं ही हाँक ले जाता था ...यहाँ-वहाँ चरने छोड़ देता था। दिन खूब तपने लगे थे।...मगर क्या होता है ! कितनी ही दूर निकल जायें...कितनी ही आग बरसे...कितनी ही मेहनत हो जाये...मन की बेचैनी खत्म नहीं होती थी। जो एक बात आ जाती थी...बनी रहती थी...मन से निकलती ही नहीं थी। जब कभी घर में होता...एक ही बात दिखायी देती।...भाभी बैठ-बैठ के तीनों घर बुहार रही हैं।...नर्दवा पर जूना घिस-घिसकर बर्तन माँज रही हैं...पाँच-सात जनों के कपड़े फींच रही हैं...ओसारे में चूल्हे की लकड़ियों के साथ फुँकती जा रही हैं। इधर बाहर भी निकलने लगी थीं। कुइयाँ से भर-भरकर पानी भीतर ले जाती थीं। पानी तो मैं भी भर देता था। मगर और काम तो भाभी ही करती थीं। जब रात हो जाती...आँगन की खटिया पर पड़ा मैं एकटक ताकता रहता। फिर नहाँ के बोरे पर भाभी पड़ जातीं। या फिर मटमैली शीशी लेकर एड़ियों और कलाइयों को मलती रहतीं। बहुत देर तक चुप्पी रहती। कोई कुछ नहीं बोलता।

मगर मेरे ब्याह की बात चल पड़ी थी। आसपास से लोग आ रहे थे। बप्पा के चक्कर काट रहे थे। बिना 'हाँ' करवाये हटने को तैयार नहीं थे। गाँव के रामनिहोरी पाण्डे हमेशा डटे रहते। शिवलिंग पर एक सौ एक गगरी पानी चढ़ाते...बिना नागा कहते, 'सीधा भगवान संकर के पास से आ रहे हैं। झूठ कहते हों तो कुंभीपाक में सड़ें। साक्छात संकर भगवान ने सपनाया हमको। कहने लगे कि पाण्डे

...यह जोड़ी हम ख़ुद मिला रहे हैं...कल्याण होगा।...अहा...क्या रूप था संकरजी का...!''

अम्माँ भी बहुत उतावली हो रही थीं। जेठ के बाद चार-छः महीने फिर कोई लगन नहीं थे। अभी चटपट सब हो सकता है। बस, बप्पा 'हाँ' कर दें...!

मुझे अब दुःख नहीं होता था...क्रोध आने लगा था। बप्पा ने कहा, ''नन्हें !...नन्हें ! सुनते नहीं हो क्या ? जाओ...गैया-भैंस को हाँक ले जाओ। पानी-वानी भी पिया लाना...!''

बप्पा तो निकल गये...मगर मैं नहीं उठा। गरीब जानवर उसी तरह बँधे रहे...इधर-उधर ताकते रहे। आखिर धूप तपने लगी। बेबस कभी इधर होते...कभी उधर। तरस बहुत आया...मगर फिर भी नहीं उठा। धूप बहुत बढ़ गयी...तो खोलकर दूसरी तरफ बाँध दिया। कुइयाँ से पानी खींचा और एक-एक डोल पिला दिया। फिर भुसौरा से पुआल और भूसा लाकर डाल दिया।...दुपहरी जब बहुत तपने लगी...तो नीमी की छाँह में खटोला खींचकर पड़ा रहा। साँझ पड़े बप्पा लौटे...तो कह दिया कि जी अच्छा नहीं है।...मगर एक आँधी उठ रही थी। मेरा मन मेरे बस में नहीं था। क्या हो गया ? मैं समझ क्यों नहीं पाता ?...क्यों रात की राह देखता रहता ? क्यों बेचैन होता रहता ? क्यों दिन इतने लम्बे हो जाते ? क्यों साँझ भी बहुत लम्बी लगती ? गरमी का मौसम शुरू हो चुका था...इसलिए ?

जब रात हो गयी...भाभी बोरे पर आकर लेट गयीं...मैंने कहा, ''सुन रही हो ?''

लगा कि थोड़ा चौंक गयीं। बोली, ''हाँ, हाँ !...काहे....का बात है ?''

लेटे-लेटे ही बोला, ''हमारे ब्याह की बात है...अभी...जेठ में ...रामनिहोरी पांडे की बिटिया के साथ...!''

भाभी का जवाब नहीं आया। मैंने कहा, ''क्या बात है ? चुप काहे हो ?''

भाभी ने कहा, ''नहीं...चुप नहीं हैं !...अच्छा तो है। कर डारो

ब्याह। हमको भी काम-धाम में कुछ मदद हो जायेगी...!''

चारों तरफ अँधेरा था। नहीं तो देखतीं कि कैसा गुस्सा आ गया था मुझे। मगर मैं उठकर नहीं बैठा। लेटे-लेटे ही बोला, ''सब शादी-ब्याह इसी वास्ते हैं कि घर का कामकाज होता रहे...काहे ? ...तुम भी यही बात कहोगी ?''

अँधेरे में उनकी पतली आवाज़ सुनायी देने लगी...''ईश्वर है ...जो करता है...अच्छा ही करता है।...और तो हम कुछ जानते नहीं हैं...!''

साफ था कि उनकी बात में कोई बल नहीं है। हार थी...और कुछ नहीं। मैं कुछ और गुस्सा हो गया । बोला, ''ईश्वर अच्छा ही करता है !...भैया के साथ तुम्हारा ब्याह हुआ...अच्छा ही हुआ। इससे अच्छा और क्या हो सकता था ! काहे ?''

लग रहा था कि अँधेरे में और भी डूब गयी हैं। फिर भी बोलीं, ''...हमको तो यही लगता है।...और होता भी तो का होता...?''

अचानक मैंने कहा, ''...जो हमारे साथ तुम्हारा ब्याह हो जाता तो...? तब भी यही सब होता ?''

अचानक ही सन्नाटा छा गया।...मुझे कहीं कुछ दिखायी भी नहीं दे रहा था। दूसरी तरफ एक लालटेन टँगी थी। अँधेरा-उजाला सब बराबर था।...आँगन के ऊपर चौकोर आकाश था। वहाँ भी अँधेरा ही अँधेरा दिख रहा था।...धीमी आवाज में भाभी ने कहा, ''ऐसी बात मन में लाना भी बुरा है।...तुम तो खुद समझदार हो भैया...!''

मैं और चिढ़ गया। बोला, ''क्या बुरी बात है और क्या अच्छी बात...? रामनिहोरी की बिटिया से ब्याह कर लें...यह अच्छी बात है ! ...तुम भी यही कहोगी...?''

बहुत धीरे-धीरे उन्होंने कहा, ''नहीं...यह नहीं कहते हम ! न हो तुम्हारा मन...तो न करो ! कह देव बप्पा से !...न हो तो हम ही कह देंगे।...मगर ऐसी-वैसी बात मन में लाना...खराब बात है ! सब समझते तो हो...!''

मगर मैं कुछ भी समझ नहीं रहा था।

चार

जेठ में ब्याह की बात तो जैसे-तैसे टल गयी। बप्पा ने ही इनकार कर दिया। कैसे इनकार किया...समझ में नहीं आया। सिवराहावाली काकी ने कुछ कहा...या भाभी ने किवाड़ की आड़ से कुछ कह दिया ...या बप्पा खुद ही रामनिहोरी से चिढ़ गये...कुछ पता नहीं चला। मगर अम्माँ बहुत विगड़ गयीं। रामनिहोरी इक्कीस सौ एक रुपये का तिलक लिये बैठे थे। और भी कुछ देने वाले थे—सोने की अँगूठी ...चेन...नगद रुपये। अम्माँ ऐसी चिढ़ीं कि कई दिनों तक बप्पा से बोली ही नहीं। सबसे कहती फिरती थीं कि बड़े के ब्याह में तो कुछ मिला-दिला नहीं...अब यहाँ जो थोड़ा-बहुत मिलता...तो बुढ़ऊ की मत मारी गयी। रामनिहोरी खुद भी बहुत क्रोधी थे। अम्माँ से बोले, "जिया ...जनेऊ की कसम खा के कहते हैं कि जिसको एक बार सराप दिया ...वहीं भसम होके मर गया। काहे ! तो इस वास्ते कि हमारी बानी में साक्छात भगवान संकर बिराजते हैं। हमारा चित्त सुद्ध है...हमारी आत्मा निर्मल है...!"

अम्माँ को रामनिहोरी की आत्मा पर पूरा भरोसा था...मगर गाँव के नाइयों, पासियों, धोबियों, कुम्हारों को रामनिहोरी की सूरत से चिढ़ थी। मेरी चिढ़ तो इनसे भी अधिक थी। मगर जल्द ही रामनिहोरी से ध्यान हट गया। भैया की चिट्ठी आयी कि आ रहे हैं। लोगों ने सुना और अपने काम में लग गये। लगा कि किसी पर कोई असर नहीं पड़ा। मगर ताज्जुब...भाभी की बात और थी। ऊपर से कुछ पता नहीं चलता था...मगर अंदर से कुछ बदल गया था। अब हँसतीं तो हँसी, हँसी लगती थी...भयानक नहीं लगती थी। मैं सोचता...तो सोचता ही चला जाता। बंबई में भैया कैसे रहते थे...सबको मालूम था। यहाँ आकर क्या करेंगे...यह भी मालूम था। वहाँ हैं या यहाँ हैं...एक जैसे हैं। भाभी समझती नहीं हैं क्या ? फिर उनकी हँसी सचमुच की हँसी क्यों होने लगी थी ? मुझे भाभी पर गुस्सा आने लगा था...सभी लोगों पर गुस्सा आने लगा था। भैया के नाम से चिढ़

होने लगी थी।...यह सब बहुत दिन नहीं चला। एक-एक दिन बीतता गया...मगर भैया कहीं दिखायी नहीं दिये। आखिर एक दिन एक और चिट्ठी आ गयी। लिखा था, अभी नहीं आ सकेंगे। बिजनेस का एक ज़रूरी काम आ गया है। लाखों का मामला है। छोटी-मोटी रकम होती तो छोड़कर चले आते। उनका करोड़पति पार्टनर उन्हें छोड़ ही नहीं रहा है। फिर भी जल्दी आने की कोशिश करेंगे।

इस चिट्ठी से किसी को कोई फरक नहीं पड़ा...मगर भाभी का मुँह जैसे फिर पत्थर हो गया। किसी ने नहीं देखा...मैंने देख लिया। सब काम वैसे ही होते रहे...मगर हाथ और तेजी से चलने लगे। नहीं ...काम और भी बढ़ा लिये। अब सोना भी नहीं चाहती थीं। खाना कब खातीं...मालूम नहीं। खाती भी थीं कि नहीं...क्या पता ! सोती भी थीं कि नहीं ? दिन बदल गये। रातें भी बदल गयीं। मैं खटिया पर पड़ा तारों को देखता रहता...मगर वह न नहाँ पर आतीं...न बोरा डालतीं...न लेटतीं। पता नहीं कहाँ जाकर पड़ रहतीं। पता नहीं क्या कर रही थीं। क्या अपने आपको दंड दे रही थीं ? मगर किस बात का ? उस अपराध का जो उन्होंने किया ही नहीं ? रामप्रसाद काका ने मुझसे कहा कि गेहूँ की तीन बोरियाँ बरोठे से छोटे घर पहुँचा दो। मैंने 'अच्छा' कहा...मगर आँगन की खटिया के बाधों की कसाई करता रहा। अचानक मुँह उठाया...तो हैरान रह गया। पूरी की पूरी बोरी भाभी ने पीठ पर लाद ली थी। दौड़कर बोला, "अरे अरे...हम पहुँचा देते हैं...जल्दी क्या है !"

वही डरावनी हँसी फिर दिखायी दी। बोलीं, "अरे हम ही पहुँचा देंगे तो क्या हो जायेगा। तुम पहुँचाओ कि हम पहुँचायें...का फरक पड़ता है !"

मैं कुछ बोलना चाहता था...मगर बोल नहीं सका।...हाँ...ऐसा कोई वज़न नहीं है जो तुमको पूरी तरह कुचल डाले...पीस डाले... ऐसा मिटा दे कि तुम तुम न रह जाओ...चलता-फिरता ढाँचा बन जाओ...!

बाकी दोनों बोरियाँ मैंने पहुँचा दीं। काका ने देख लिया था।

मगर उनके मुँह का भाव मुझे अच्छा नहीं लगा। लगा कि काली घनी मूँछों में मुस्करा रहे हैं...आँखों में चमक आ गयी है।...बरोठे से बप्पा ने देख लिया था। रात को चौंककर बोले, "तुम्हारी भौजी यह सब भी करती हैं...और तुम लोग देखते रहते हो...!"

मैं कुछ नहीं बोला...सिर झुकाकर उनके तिरस्कार को झेलता रहा।

इधर कुछ दिनों से भाभी दुआरे की सारी जगह बुहारने लगी थीं। झांखरों की बुहारी लेकर भोर से ही लग जातीं...दुआरे का सारा गलियारा बुहार डालतीं। गरमी बहुत पड़ने लगी थी। गलियारे में सूखे पत्ते...सूखी घास-फूस वगैरा बहुत जमा हो जाते थे। इधर पत्ते भी सूख-सूखकर ज्यादा ही गिरने लगे थे। सारा गलियारा भर जाता। पता नहीं किस दुनिया में पहुँच जातीं। सूखे पत्तों-तिनकों को लगातार देखती जातीं...जगह-जगह ढेर बनाती जातीं। दिन चढ़ जाता...तो आसपास की औरतें उठा ले जातीं। चूल्हा जलाकर रोटी-पानी करतीं ...पर इधर भाभी ने खुद आग लगाना शुरू कर दिया था। भीतर से दियासलाई ले आतीं...पत्तों-तिनकों के एक-एक ढेर को जलाना शुरू कर देतीं। सब तरफ धुआँ फैल जाता। भाभी की आँखों से आँसू बहने लगते ...पर लगातार जलाती चली जातीं। आँसू बहते रहते...धुआँ उठता रहता। इतना हो जाता कि लोग घरों से बाहर निकल आते। अम्माँ चिल्लाकर कहतीं, "अरे बंद कर। बौरा गयी है का ? ...देख लेव इसके लच्छन !...दुनिया मा एक यहिका मरद परदेस गवा है। और कोऊ मेहरिया नहीं है गाँव मा...!"

अम्माँ की बात ठीक थी। गाँव में बहुत-से लोग ऐसे ही थे जो परदेस में रहते थे। साल में एक या दो चक्कर गाँव के लगाते... महीना-दो महीना रहकर लौट जाते थे। मगर भैया की बात और थी। कोई बोलनेवाला होता तो अम्माँ से बोल देता कि जैसे और लोग गये हैं...वैसा भैया नहीं गये हैं। जैसे औरों के लौटने की राह देखते हैं ...भैया की राह नहीं देख सकते। पर भाभी कुछ नहीं बोलीं। सुलगते ढेरों को ताकती भीतर चली गयीं।

बाद वाले दिन तो बात और बढ़ गयी। आजकल गरम हवा के अँधड़ सवेरे से ही चलने लगे थे। भाभी ने जैसे ही आग लगायी ...धुएँ के साथ लपटें भी उठने लगीं। जलते पत्ते गलियारे में जगह-जगह उड़ने लगे। रामबरन का छप्पर एकदम पास था। हमारे यहाँ पर भी एक तरफ के ओसारे पर फूस का छप्पर था। सभी घरों के झाँखरों के छवैये धूप में सूखकर खड़ंग हो गये थे। ...लोग चिल्लाकर दौड़ पड़े। हवा जोर पकड़ती...लपटें और...और ऊपर उठ जातीं। लगता था कि सारी दुनिया को जलाकर राख कर देना चाहती हैं। रामदीन ने कुइयाँ से खींच-खींचकर पानी उलीचना चालू कर दिया। रामबरन और जगेसर धूल-माटी उठा-उठाकर फेंकने लगे। जब ढेर ठंडे पड़ने लगे तो रामप्रसाद काका ने अम्माँ से कहा, "बहुरिया से यह झाड़ू-बुहारू काहे कराती हो ? इतना काम न कराया करो भौजी...!"

उनके मुँह पर फिर वही पतली मुस्कान थी। कनखियों से दूसरी तरफ देख रहे थे...भाभी ने सुना कि नहीं !

चिल्लाकर अम्माँ बोलीं, "यह काम नहीं कर रही है...दिखा रही है तुम सबको...कि देख लेव, हम कितने खराब हैं। मोटाई है यहि की...भीतर नहीं समा रही है। घर जला के भसम न करि दे तो हमसे कहना। जौन दिन से आयी है...यहै सब कर रही है। पहले जगदीस को भगाया... ।"

मेरी तरफ घूमकर बप्पा बोले, "अपनी भौजी से कहो...भीतर जाएँ.. ।"

भाभी चुपचाप खड़ी आग को ताक रही थीं। भीतर चली गयीं। बप्पा देखते रहे...सुनते रहे...मुँह से कुछ नहीं बोले। जब सब चले गये...तो मुझे बुलाकर बोले, "तुम्हारी भौजी कुछ दिन शुक्लागंज काहे नहीं हो आतीं।...थोड़ा मन बदल जायेगा।"

लोग कहते हैं कि बप्पा ने बहुत दुख झेले थे...इसी से औरों का दुख तुरंत समझ लेते हैं।...भाभी से जब कहा कि बप्पा उनको मायके भेजना चाहते हैं...तो उन्होंने साफ़ मना कर दिया। बोलीं कि शुक्लागंज बिलकुल नहीं जायेंगी। पिछले दिनों दो बार संदेशा आ चुका

था। बूढ़े तिवारीजी खटिया से लग गये थे। बिट्टी को देखना चाहते थे। भाभी ने फिर भी मना कर दिया था। आज भी उसी बात पर अड़ी थीं। शुक्लागंज जाकर क्या होगा ! यहीं ठीक है। मैं थोड़ा हैरान था।...यह क्रोध है ? तिरस्कार है ? क्या है ? जिन लोगों ने ब्याह कराया और घर से निकाल दिया...उनके यहाँ क्या जाना ?...या और कोई बात थी ? पुरानी बातों से जुड़ना नहीं चाहती थीं ? कोई माया-मोह पालना नहीं चाहती थीं ?...

मगर गरमी तो लगातार बढ़ती ही जा रही थी। लू इतनी तेज लगने लगी कि नीमी के नीचे खटिया डालकर पड़ना भी बंद हो गया था। दस बजे के बाद लोग-बाग कम ही निकलते थे। कोठार और भुसौरा की अँधेरी कोठरिया ही अच्छी लगती थी। धूप देखकर घबराहट होती थी। मगर काछियों-खटिकों के लिए न धूप...न गरमी। तरबूज-खरबूजे तैयार हो गये थे। जैती के पुल पर ले जाकर बेचते थे। बिक्री का यही मौसम था। पुल के किनारे नीम, आम, पीपल और बरगद का एक झुरमुट-सा बन गया था। बेचन गाँव के गुरुदीन दुबे ने यहाँ एक मड़ैया डाल ली थी। चाय, बिस्कुट, शरबत वगैरा बेचते थे। अब बरफ का पानी और ठंडी गरी के टुकड़े भी रखने लगे थे। आती-जाती गाड़ियाँ, बसें, ठेले, साइकिलें...थोड़ी देर के लिए सब यहाँ पड़ाव कर लेते थे। दो-दो अँगौछों से सिर, कान और मुँह ढाँपे काछियों के लड़के भरी धूप में दौड़ते रहते...जगह-जगह तरबूज-खरबूजे पहुँचाया करते।...मगर अब यह भी बंद होने लगा था। आने वाले थक गये थे...गाड़ियाँ रुक गयी थीं। सुभानपुर में रिक्शेवाले फटाफट मरने लगे थे। 'लोकप्रिय' अखबार में छप गया था कि दस बजे के बाद लोग घरों से न निकलें। प्याज जरूर खायें या साथ रखें। पानी खूब पियें और नींबू का घोल भी लिया करें।

जैती पहले ही सूख गयी थी। जहाँ-तहाँ डबरों में थोड़ा-बहुत पानी दिखायी देता था। बैलगाड़ियाँ सूखी नदी में उतरकर रास्ता पार कर लेतीं। मगर बैलों को नहलाना दूर...पानी पिलाना भी कठिन हो गया था। बैल बहुत प्यासे होते और थूथन से फिचकुर फेंकने लग

जाते तो गाड़ीवान शिवाला के पास गाड़ी खोल देते...बैलों को चलाकर दूर ले जाते...कहीं किसी डबरे से पानी पिलाकर लौटा लाते। लौटते-लौटते बैल और गाड़ीवान दोनों फिर प्यासे हो जाते।

जेठ खतम हो गया था। मिरगा तप चुके थे। असाढ़ के दिन भी जल्दी-जल्दी निकले जा रहे थे। मगर आसमान बिलकुल साफ था। छूँछे बादल भी नहीं दिखते थे। दुआरे के पास के हैंडपम्प में पानी आना बंद हो गया था। कुइयाँ का पानी लगातार घटता जा रहा था। रस्सी खींचते-खींचते हाथ पिराने लगते थे। गैया-भैंसों की दशा खराब हो रही थी। सुभानपुर में अब भी इतवार का बाजार लगता...मगर अनाज कहीं दिखायी नहीं देता। गेहूँ, चना, धान की बात तो दूर ...मकाई, जोन्हरी के दर्शन भी दुर्लभ हो गये थे। गुड़ की भेलियाँ भी अब नहीं आती थीं। काले मटमैले टुकड़ों पर मक्खियाँ भिनभिनाया करतीं। इस गुड़ का भाव भी आसमान छू रहा था। दुकानदार दुकानें लगाना बंद कर रहे थे। बनियों-महाजनों ने माल दबाना शुरू कर दिया था। सुभानपुर में सरकारी भाव से राशन का अनाज मिलता था... मगर लाइन बड़ी लम्बी होती थी। गरमी और लू में कोस-डेढ़ कोस जाना...फिर घंटों लाइन में खड़ा रहना ...फिर साँझ तक घर लौटना। अच्छे अच्छों की हिम्मत जवाब दे जाती। यह तो काल को ही बुलावा देना था।

हमारे यहाँ हालत खराब थी। कोठार से खाली बोरियाँ निकलती जाती थीं...बप्पा का दिल बैठता जाता था। मगर काका के यहाँ हालत कुछ और थी। बताते नहीं थे...पर लगता था कि जैसे लक्ष्मी बरसने लगी है। कुछ मालूम नहीं था कि क्या बात है ! इतना मालूम था कि काका शाकिर अली और देवमणि के साथ धंधे में लगे हैं। धंधा भी कहीं दूर चलता है। क्या चलता है...कोई नहीं जानता। मुसलमानी टोले में शाकिर अली ने हवेली खड़ी कर ली थी। सुना, लखनऊ और कानपुर में भी बँगले खरीद लिये हैं। कलुआ गड़रिये की महतारी रोज सवेरे दुआरे आके बैठ जाती थी। हमारा एक खेत सुखदेव माली जोतता था। इधर उसकी दुलहिन भी रोज चक्कर लगाने लगी थी। दोनों औरतें

चिरौरी करतीं...पाव-आध पाव अनाज माँगतीं। काकी तो देने को तैयार हो जातीं...मगर अम्माँ रोक देतीं। दोनों को बार-बार काम बताती थीं। मुँह सूख जाते...ओठों पर पपड़ी पड़ जाती। दोनों दौड़-दौड़ कर काम करती रहतीं। जब दो-तीन बज जाते तो अम्माँ पाव-पाव मोटा अनाज दिलवा देतीं। जरूर इसी अनाज से उनके यहाँ चूल्हा जलता होगा। मुझे लगता था कि यह सब अम्माँ को अच्छा लगता था—पचीस बातें सुनाओ...पचीस काम कराओ..., थोड़ा-सा अनाज दे दो।

मगर भाभी के स्वभाव में यह अजीब-सा बदलाव क्यों आने लगा था ...समझ नहीं पड़ा। पहले जैसी चिड़चिड़ाहट अब नहीं थी। मेरी तो बुद्धि काम नहीं करती थी। एक बार मैं अचानक बरोठे में पहुँच गया...तो एकदम घबरा गयीं। जैसे चोरी करती पकड़ी गयी हों। हाथ का गिलास काँपने लगा। मैं हैरान हो गया। बोला, "...क्या बात है ? का हो गया ?...इतना घबरा काहे रही हो ?"

तो घबराहट छिपाने लगीं और ज़बरदस्ती हँसने लगीं। कहने लगीं, "हम घबरायेंगे...और तुमको देख के ?...अच्छी दिल्लगी करते हो...!"

मगर मैं हँस नहीं सका...न भूल सका। हँसनेवाली तो कोई बात ही नहीं थी। भाभी भी जानती थीं।...यह उन्हें हो क्या गया है ? ...घर की हालत खराब हो रही है। कोई रास्ता सूझ नहीं रहा है। बप्पा के माथे की सलवटें बढ़ गयी हैं। जोताई करनेवाले गाँव छोड़कर चले गये। सुखदेव की मेहरिया आती। पाव-भर अनाज के लिए चार-चार घंटे काम करती। सुखदेव जैसा गुणी आदमी कहाँ मिलेगा ! हमारा खेत टेढ़ा-मेढ़ा है। सुखदेव ऐसी सिधान की जोताई करता था कि क्या ट्रैक्टर करेगा। जहाँ सिधान है...वहाँ सिधान ! जहाँ गोलाई है...वहाँ गोलाई ! ऐसा हल चलानेवाला चार गाँव में नहीं था।...मगर कोई रास्ता नहीं। ...गरमी ऐसी बढ़ गयी कि रात को सोना भी मुश्किल हो गया। रात को भी लू चलती। कभी उमस होती तो और घबराहट होती। औरतें भी खटिया डालकर बाहर ही सोने लगी थीं। पर भाभी !

भाभी अब भी भीतर ही सोती थीं। सोतीं कि जागती रहतीं...यह भी पता नहीं था। मुझे नींद नहीं आती थी। भाभी का खयाल था ? नहीं ...शायद मच्छरों, खटमलों के कारण नहीं सो पाता था। और लोग भी एक-दो बजे तक जागते ही रहते थे। बस...एक ही बात होती थी...सूखे और अकाल की बात। नयी-नयी खबरें आ रही थीं। लोग गाय-भैंसें मिट्टी के मोल बेच रहे हैं...मगर कोई खरीदनेवाला नहीं है। घास, चारे, भूसे का कहीं कोई नाम नहीं। बछिया-पड़िया सब छुट्टा घूमतीं...सूखे खेतों में जाकर फटाफट मर जातीं...या कसाई पकड़ ले जाते। गरीब-गुरबा-ढोर डंगर खुले छोड़ सुभानपुर...और न जाने कहाँ-कहाँ भाग रहे थे। फूलन पुरवा, सैनवारा, कनौली, बरखेड़ा, पीपलगाँव...पता नहीं कहाँ-कहाँ...हालत बहुत बिगड़ गयी थी। सुभानपुर पहुँचकर लोग कचरे के ढेरों में जूठन ढूँढ़ रहे थे...या गोबर के छोतों से अनाज के दाने बीन रहे थे। एक ही अच्छी बात थी। सरकार...मिनिस्टर लोग...एम.एल.ए....कांग्रेसी सब आश्वासन दे रहे थे कि किसी को भी भूख से मरने नहीं दिया जाएगा।...बाँस की खपच्चियों का पंखा डुलाता मैं आकाश की तरफ देखता था। अब चारों तरफ आकाश ही आकाश था। जो पेड़ नहीं सूखते थे...सूख गये थे।...कभी भीतर जाता...तो भाभी जागती मिलतीं...मगर मुझसे बात नहीं करतीं। जैसे मेरा आना अच्छा नहीं लगता। मेरा मन और भी बेचैन हो जाता। हो क्या गया है ? क्या मुझसे नाराज हैं ? या उनके मन की हालत ठीक नहीं है। मेरे मन में उठता...कि चुपचाप दबे पाँव भीतर जाऊँ...देखूँ कि क्या कर रही हैं। देर रात जब घर के सब लोग बाहर पड़े रहते हैं...भयानक गरमी में उमसते...भायँ-भायँ करते घर में पड़ी भाभी क्या करती रहती हैं ? सो तो सकती नहीं हैं !...मुझे खुद ही डर लगता। किसी ने देख लिया तो क्या समझेगा ! समझेगा कि मेरे ही मन में कोई खोट आ गयी है !...कुछ का कुछ समझने लगें तो ! रात के समय भीतर जाने का कोई बहाना भी नहीं था। भाभी खुद पूछें कि इतनी रात भीतर क्यों आये हो...तो मैं क्या जवाब दूँगा ?

मगर एक रात ऐसी भी आयी कि मैं अपने आपको रोक नहीं सका। जरूर रात का पिछला पहर रहा होगा...क्योंकि आकाश के सात तारे दूसरे किनारे चले गये थे। हवा की गरमी भी कुछ कम हो गयी थी। आसपास सभी लोगों को नींद लग गयी थी। कुत्तों ने भी भौंकना बन्द कर दिया था। अम्माँ और काकी बाहर ही अपनी-अपनी खटिया पर सो रही थीं।...मेरा दिल धक-धक करने लगा। मैं कोई चोरी करने जा रहा था। धक्का देकर किवाड़ खोलने की कोशिश की। कुछ ताज्जुब हुआ। भीतर से साँकल चढ़ी थी। किवाड़ टेढ़ा करके अँगुलियाँ डाल दें तो साँकल खुल सकती थी। मगर यह तो बहुत ही बुरा काम था। भीतर से कुंडी चढ़ाना जरूरी था। भाभी ने बंद कर लिया तो ठीक किया। रोज बंद कर लेती होंगी। रात-भर किवाड़ खुले नहीं रह सकते। जब तक जगहर होती है...नहीं बंद करती हैं। फिर बंद कर लेती हैं। मैं खोल भी लूँ तो फिर से बंद कैसे करूँगा ?...दुविधा और घबराहट लिये उसी तरह खड़ा रहा। चारों तरफ सन्नाटा छाया रहा।...अचानक किसी के पाँवों की आहट सुनायी दी। कोई उधर ही आ रहा था। मुझे पसीना आ गया। कहीं और हट जाऊँ...यह भी नहीं सूझा। ...अँधेरे में लम्बा तगड़ा भूत-सा चला आ रहा था। मुझे देखकर ठिठक गया। फिर बोला, "कौन है ?...कौन है...बोलता काहे नहीं...?"

आवाज रामप्रसाद काका की थी। मैंने डरकर कहा, "मैं हूँ ...नन्हे ! गैया रंभायी तो देख रहा था कि का बात है...!"

काका ने और कुछ नहीं पूछा। अचानक कानों पर जनेऊ चढ़ाया और दूसरी तरफ निकल गये।

...मेरी हालत कुछ अजीब होती जा रही थी। दिन में अलसायापन रहता था। कोई काम था नहीं। पडे-पडे या बैठे-बैठे नयी-नयी खबरें सुनता था...या भाभी के बदले हुए स्वभाव के बारे में सोचता था। लगता था कि चारों तरफ...जहाँ कुछ नहीं हो रहा है...जहाँ ठहराव, खालीपन, अलसायेपन के सिवा कुछ नहीं है...वहाँ बहुत तेजी से बहुत कुछ हो रहा है। दिन के उजाले में या रात के अँधेरे में...कोई है जो सबकी आँख बचाकर अपना काम करता चला

जा रहा है।

...फिर खबर आयी कि रामनिहोरी पांडे की काली गैया का कोई पता नहीं चल रहा है। पांडेजी गो-भक्त थे। उनके क्रोध की कोई सीमा नहीं थी।...रात कोई खूँटे से खोल ले गया...या रामनिहोरी खुद ही कहीं छोड़ आये। कुछ लोग कहते थे कि पांडेजी खुद ही रसूल कसाई के हाथ बेच आये।...मगर रामनिहोरी बार-बार जनेऊ की कसम खा रहे थे...गाय के चोर को शाप देकर भस्म कर डालने की धमकी दे रहे थे।...मैं भाभी से बोलने के अवसर की ताक में रहता था। बोला, "अच्छा ही हुआ। भूख के मारे झुराय गयी थी बेचारी। कुछ दिन रहती तो अपने आप मर जाती। पांडेजी को पाप लगता...!"

आज बहुत दिनों के बाद भाभी अचानक फिर हँसीं। वही डरावनापन था। मैं उनके मुँह की तरफ देखने लगा।...और दिनों की तरह मुझे टालने की कोशिश क्यों नहीं की...वहाँ से हट क्यों नहीं गयीं ? मैंने कहा, "क्या हुआ ? इसमें हँसने की कौन-सी बात है ?"

हँसते-हँसते ही बोलीं, "बिचारी गैया...छुट्टी पा गयी...! पांडेजी भी छुट्टी पा गये...!"

मगर अगले ही दिन सूखी जैती के किनारे चील्ह, कौवे और गिद्ध उड़ने लगे। गंध पाकर गाँव के कुत्ते भी पहुँच गये।...भेड़हा आये थे...गैया को मार गिराया और खा गये। लोग देखने गये तो गैया की ठठरी पड़ी थी। मुँह, आँखे--सब वैसे ही थे। कोई और समय होता तो सींगों से मार-मारकर गैया जंगली जानवरों को भगा देती। मगर बहुत कमजोर हो गयी थी। आजकल सभी ढोर-डंगर कमजोर हो गये हैं। इसी से भेड़हा लोग बहुत चक्कर लगाने लगे हैं।...रामनिहोरी रोने लगे।...कहनेवाले कहते कि बुड्ढा बड़ा घाघ है। भीतर से खुश है कि छुटकारा मिला...बाहर से टेसुए बहा रहा है।

जब भीतर गया तो भाभी नर्दवा पर बर्तन धो रही थीं। वहाँ पर बैठकर मैं गैया का हाल बताने लगा...तो उनके हाथ अपने आप थम गये। मैंने कहा, "देखा...छुट्टी पा जाने पर क्या होता है...!"

लंबी साँस लेकर बोलीं, "...होनी को कौन टाल सकता है।"

हाथ फिर चलने लगे।

मेरी समझ में नहीं आया कि कौन-सी होनी है, जिसको टाला नहीं जा सकता। यह लंबी साँस किसके लिए थी ? गैया के लिए, जिसे भेड़िये नोचकर खा गये ?

...जब साँझ हो गयी तो सिवराहा वाली काकी ने तुलसी की पूजा की ...दीया जलाया...मगर अपनी दुखभरी आवाज में कोई गीत नहीं गाया। छोटे घर के बजाय आज वह हमारे घर में चली गयीं। कुछ हैरानी हुई। ऐसा तो बहुत कम होता था। तुलसी के चौरे पर दीया जलाने के बाद छोटे घर के शालिग्राम की दीया-बत्ती करती थीं। अम्माँ घर में थीं नहीं। बस, भाभी ही भीतर रहती थीं। ऐसे समय काकी का हमारे घर में क्या काम ? ...मेरा मन भी कुछ स्थिर नहीं है। हर बात पर आँख गड़ा देता हूँ...कान खड़े कर लेता हूँ। दुआरे खटिया पर बैठा देर तक सोचता रहा। मन नहीं माना तो भीतर चला गया। देखा कि भाभी नहाँ पर मूड़ नीचा किये बैठी हैं...काकी तमतमा कर कुछ कह रही हैं। भाभी चुपचाप सुन रही हैं...या टप-टप आँसू टपका रही हैं। मुझे देखकर सबकुछ थम गया। फिर भाभी उठकर भीतर चली गयीं...काकी बड़े डग धरती हुई छोटे घर की तरफ गायब हो गयीं।

...रातों का सन्नाटा अब और भयानक होने लगा। गरमियों की रात...जाड़ों की रात से भी वीरान हो गयीं। भौंकते हुए कुत्ते थक गये। रात काली छाया थी...इसमें हम सब लोग साँस लेने की कोशिश कर रहे थे।...धुन्नू, रजुआ, राधे...अब कोई दिखता नहीं था। किसी की महतारी...किसी की दुलहिन...किसी की बिटिया !...पाव-पाव जोन्हरी के लिए अब कोई चक्कर नहीं काटता था। सुनते थे कि सब चले गये। कोई गाँव से सुभानपुर गया...कोई सुभानपुर से लखनऊ कानपुर।...कोई लखनऊ कानपुर से बंबई कलकत्ता।...मजूरी... कुलीगीरी...रिक्शा खींचना...बर्तन माँजना...सागभाजी का टोकरा लेकर घूमना...खोंचा लगाना...ठेला खींचना...जो काम मिल गया... लोग करने लग गये।

बप्पा का मुँह सूख गया। खाली बोरियाँ भी निकल गयीं...नाँद खाली हो गये...कोठार से चूहे भी चले गये। भाभी अब जोन्हरी के टिक्कड़ सेंकने लगी थीं। कभी काका के यहाँ से गेहूँ चावल आ जाते थे। शाकिर अली का काम खूब चल रहा था। बप्पा चुपचाप दुआरे बैठे रहते। आगे क्या होगा...कोई नहीं जानता था...।

रात बप्पा और अम्माँ दुआरे चले गये। मैं वहीं बैठा रहा। सबका खाना-पीना हो चुका था। भाभी बोलीं, "का बात है ? काहे बैठे हो ? जाते काहे नहीं ?"

मैंने कहा, "यह बताओ कि काकी तुमसे क्या कह रही थीं...!"

चूल्हे का उजाला मुँह पर पड़ रहा था। मगर ऐसा क्यों लग रहा था ? मुँह पर यहाँ से वहाँ तक कालिख...हड़बड़ाहट...डर ! फिर अचानक चिड़चिड़ाहट और गुस्सा ! माथे पर पसीने की चिपचिपाहट...!

मन में आया कि उठकर चला जाऊँ ! बोलीं, "का कह रही थीं...सो उन्हीं से जाके काहे नहीं पूछते।...दुनिया-भर की बड़ी पंचायत रहती है तुमको...!"

मेरा मुँह तमतमा गया। बोला, "न बताना हो तो न बताओ। बिगड़ती काहे हो ? सहज बात पूछी है...कोई लाठी नहीं मार दी...!"

भुनभुनाता हुआ बाहर निकल आया।

...मगर जब कई दिन निकल गये...तो और टोलों के लोग भी जमा होने लगे। रात हो जाती। लोग लालटेन और लाठी ले-लेकर आ जाते। देर तक बातें होतीं। किसी के पास कोई जवाब नहीं था। घूम-फिरकर बस एक ही बात थी। कलजुग में पाप बहुत बढ़ गया है...इसी का फल है यह सब। पूजा-पाठ, व्रत-उपवास, यज्ञ-हवन से ही देवता प्रसन्न होंगे...विपत्ति टलेगी। और कोई उपाय नहीं है। मगर नीची जाति के लोग बौरा गये हैं। भले आदमियों का बाहर निकलना मुश्किल हो गया है। पारसौली गाँव में ब्राह्मणों-बनियों के घरों पर धावा बोल दिया...सारा अनाज-पानी लूट ले गये। गाँव के प्रधान, पंच और

दूसरे भले आदमी सुभानपुर अस्पताल में पड़े हैं। लखनऊ से और पुलिस आनेवाली है। लाल कार्ड बाँटे जायेंगे। मुख्यमंत्री खुद अपने हाथों से अनाज बाँटेंगे। प्रधानमंत्री भी बहुत दयालु हैं। खुद अपने फंड से कई हजार का दान दिया है। किसी को भी भूख से मरने नहीं दिया जायेगा ! देवमणि गाँव-गाँव घूमकर यही संदेश दे रहे हैं।

मगर मेरे लिए ये बातें बेकार हो चुकी थीं। लोग लाठी उठाते ...लालटेन उठाते...एक एक कर...या गोल बनाकर चले जाते। मैं देखते हुए भी नहीं देखता।...कई रातें इसी तरह बीत गयी थीं। मैं कुछ कर नहीं सका था। मेरी दुविधा न इधर जाने देती थी...न उधर। ...जब रात गहरी हो जाती है...सब लोग चले जाते हैं या सो जाते हैं...क्या कोई खेल शुरू हो जाता है ? काली छायाएँ आती हैं...इधर से उधर गुजर जाती हैं ?...या एक वहम है जो मेरे मन और मेरी बुद्धि को मायाजाल में फँसाता जाता है ? क्यों बार-बार ऐसा लगता है कि इस अँधेरे में कुछ हो रहा है ? मेरी निगाह से बच जाना चाहता है।...भूतों का खेल है जो खाली घर के साँय-साँय करते सन्नाटे में होता है। मुझे डर लगता है...मगर मैं उसे देख लेना चाहता हूँ...!

सोचते-सोचते कब आँख लग गयी...मालूम नहीं !...अचानक आँख खुल गयी। समझ में नहीं आया कि रात कितनी बीत गयी है। क्या भोर होनेवाली है ? नहीं...क्योंकि सात तारे अब भी उस छोर नहीं पहुँचे हैं।...चारपाइयाँ हैं ...लोग गहरी नींद सो रहे हैं।...मेरे मन में फिर वही खयाल आया...फिर सिहरन-सी दौड़ गयी।...अब भी समय है।...मैं उठकर बैठ गया। कहीं कोई आहट नहीं थी। कभी कोई घंटी खनक उठती थी...या गोरुओं की सरसराहट सुनायी दे जाती थी।...किवाड़ों के पास रुककर कोई आहट ली। कहीं कुछ नहीं था। ...अगर चोरी है...तो चोरी ही सही।...दोनों किवाड़ों को थोड़ा आगे-पीछे किया। फिर हाथ को सरका-सरकाकर भीतर ले गया। अँगुलियों को कुंडी के नीचे पहुँचाकर धीरे-धीरे साँकल खोल दी। हलकी आवाज हुई...मगर सब सो रहे थे। बरोठे में अँधेरा था। आँगन में लालटेन लटकी थी...काँच धुएँ से काला हो रहा था। कहीं कुछ सूझ

नहीं रहा था। ओसारा...कोठरियाँ...सब अँधेरे में डूबे थे। कहीं कोई आवाज नहीं...कोई आहट नहीं।

अचानक मुझे लगा कि सब भ्रम ही है। असल में कहीं कुछ नहीं है। मेरा मन ठीक नहीं है। मैं खुद क्या का क्या सोच लेता हूँ। जहाँ हलचल नहीं है...हलचल दिखायी देती है। आवाज नहीं है... आवाज सुनायी देती है। अँधेरा है...मगर किसी की छाया दिखायी देती है। हवा का झोंका होता है...किसी की आहट लगती है।

चलता हुआ भाभी की कोठरी के सामने आ खड़ा हुआ...। यह सही है ...भाभी से मुझे बहुत मोह है। उनका रूप बहुत भाता है। मैं लक्ष्मण नहीं बन सकता। पर मुझे कुछ चाहिए नहीं। बस, जान लेना चाहता हूँ कि यह सब मेरे मन का मायाजाल है। अँधेरा है...किसी की छाया नहीं है। कोई हलचल नहीं ...कोई आहट नहीं। यहाँ कोई नहीं आ सकता। सब मेरे बहके हुए मन का खेल है।...

वापस लौट आता...मगर नहीं। मैंने आगे बढ़कर कोठरी के किवाड़ पर हाथ रख दिया। किवाड़ खुल गया।...बहुत डर लगा। भाभी उठ गयीं तो ?...भीतर अँधेरा था। कुछ दिखायी नहीं दे रहा था। ...अचानक मुझे लगा कि कहीं कोई नहीं है। कोठरी खाली पड़ी है। ...डर गायब हो गया। किवाड़ की कुंडी खटखटायी। जवाब नहीं आया। जोर से खटखटायी। कोई जवाब नहीं। मैंने पुकारा, "भाभी...!"

मगर कुछ नहीं हुआ।...मैं बेधड़क भीतर चला गया। कोई नहीं था। खटिया पर दरी बिछी थी। दो पेटियाँ अपनी जगह रखी थीं ...कपड़े अपनी जगह टँगे थे। खूँटियों, ताकों, आलों पर की चीजें दिखायी नहीं दे रही थीं। मैं उसी तरह खड़ा रहा। लग रहा था कि नसों में खून जल्दी-जल्दी दौड़ रहा है...साँस जल्दी-जल्दी चल रही है ...हाथ-पाँव सुन्न हो रहे हैं।...लौटकर सारे घर का चक्कर लगाया। ...चौका...नहाँ...ओसारा...बरोठा...सबकुछ खाली था। सारी कोठरियाँ देख डालीं। कहीं कोई नहीं। बुद्धि काम नहीं कर रही थी।...भुसौरे और खँवों की तरफ और भी अँधेरा था। अँधेरी उमसती गर्म रात में वहाँ भी कोई जा सकता है ? फिर भी मन हुआ कि जाकर देखूँ।

उस अँधेरे में कुछ छिपा है तो सामने आ जाये।

लालटेन के पास आले में दियासलाई रखी थी।...एक-एक तीली जलाता हुआ हर जगह पहुँच गया। कहीं कोई नहीं था। धीमी आवाज़ में पुकारता...भाभी !...कोई जवाब नहीं आता।...अंगड़-खंगड़ के बीच गुजरता हुआ...बाँसों और झाँखरों से टकराता हुआ...भुसौरे के काले किवाड़ों के बीच फुसफुसाता रहा...भाभी...भाभी !...कहीं कोई सरसराहट भी नहीं हुई। तीलियों पर तीलियाँ जलकर बुझ गयीं।...एक बार मन हुआ कि छोटे घर में भी चला जाऊँ। मगर रुक गया। ...दूसरी तरफ के किवाड़ एकदम पिछवाड़े खुलते थे। बाहर झाड़ियों-पेड़ों का जंगल-सा बन गया था। एक सूखा नाला था। पूरी जगह साँपों-बिच्छुओं से भरी थी। किवाड़ कभी खोले नहीं जाते थे. ..उधर कोई जाता नहीं था। मगर मैं नहीं माना।...बरसों से बंद दरवाजे की कुंडी पर हाथ रखा...तो साँकल पहले से ही खुली हुई थी। किवाड़ आसानी से खुल गये।

....चारों तरफ सितारे बिखरे थे। एक तरफ पतला-सा चंद्रमा था...दूसरी तरफ पेड़ों-झाड़ियों का गहरा अँधेरा। पत्ते-ही-पत्ते बिखरे थे। घास सूख गयी थी। हवा चलती...तो आहटें ही आहटें सुनायी पड़तीं। रुकती तो चलते हुए लोग थमते हुए लगते।...बड़ी देर उसी तरह खड़ा रहा। ...कहाँ गयी हैं भाभी ? साँपों-बिच्छुओं के झुरमुटे में किसी से मिलने ?...ऐसा नहीं हो सकता। देवमणि जैसे लोगों के मुँह पर तमाचा मारनेवाली भाभी के बारे में ऐसी बात सोचना भी दोष है।...लगा कि मैं भी जाऊँ...इस बीहड़ में घुसकर भाभी को आवाज दूँ...उन्हें वापस ले आऊँ...!

मगर मैं वहीं खड़ा रहा...फिर दूर पड़े पत्थर पर जाकर बैठ गया। अँधेरे की तरफ घूरता रहा...चन्द्रमा और तारों की तरफ ताकता रहा ...जब हवा में ठंडक पैदा हो गयी तो वहीं झपकी लेने लगा।

अचानक लगा कि कोई आ रहा है। अँधेरे में आँखें गड़ायीं ...तो देखा...भाभी चली आ रही हैं। बहुत धीरे-धीरे चल रही हैं... सिर झुका हुआ है...चाल में लड़खड़ाहट है। माथे पर पल्ला है...मगर

चद्दर नहीं है।...मैं कुछ नहीं बोला...अँधेरे में चुपचाप बैठा रहा। जब किवाड़ों के पास आयीं...तब भी चुप रहा। भीतर जाकर उन्होंने साँकल चढ़ा ली। फिर भी मैं हिला न डुला ...बस उसी तरफ देखता रहा जहाँ पिछवाड़े की दीवार से लगी पगडंडी छोटे घर के पिछवाड़े के अँधेरे में खो गयी थी।...

पाँच

सवेरे आँख खुली तो कही हल्ला हो रहा था। घूरे पर कुछ छोकरे जमा हो गये थे। कहाँ से आये थे, मालूम नहीं। मैले-कुचैले चिथड़े लपेटे थे। घूरे पर जूठन के दाने ढूँढ़ रहे थे। देखते-देखते आसपास के लोग जमा हो गये। जगेसर बोला, "चोर हैं साले। मौका पायेंगे तो चीज बस्ता ले भागेंगे... ।"

रामदीन बोला, "मारो सारेन का...कि फिर ई कैती न आवैं...!"

अब लोग डंडे ले-लेकर घूरे पर पहुँच गये। ...आठ-दस छोटे-बड़े बच्चे खोद-खोद के दाने ढूँढ़ रहे थे। दो-तीन तो चार-पाँच साल से भी कम के लगते थे। हड्डियाँ निकल रही थीं। तन के चिथड़ों को गाँठें बाँध-बाँधकर जोड़ा गया था। गनेशवा ललकार कर बोला, "का है रे ?...का कर रहे हो तुम लोग ?...भागो यहाँ से...!"

बड़ा लड़का ढिठाई से बोला, "काहे...काहे भागें ? का कौन है तुम्हारा ?"

जगेसरवा पहचान गया। हम लोगों से बोला, "ये साले गंगा पार के गड़रियों काछियों के छोकरे हैं।...का जमाना आ गवा है। काछी पासी न भये...डोम चमार हो गये...! जूठन बीन-बीन के खायेंगे.. !"

रामदीन चिल्लाकर बोला, "अरे भाग सारे ! ...जूठन बीनता है और जबान लड़ाता है।...यह घूरा का तुम्हारा बाप बनावा है... !"

मगर छोकरे नहीं हटे। बड़कवा बोला, "नहीं जायेंगे। घूरे पर ठाढ़े हैं...तुम्हारे घर मा नहीं ठाढ़े हैं...!"

रामप्रसाद काका भी आ गये। पता नहीं क्यों...आँखें पहले ही लाल हो रही थीं। लगता था, सोते-सोते जाग गये हैं। रामदीन बोला, "एक तो सारे घूरे पर बीन-बान कर रहे हैं...ऊपर से टर्राते हैं...!"

काका की आवाज वैसे ही भारी है। ऊपर से गरज कर बोले, "...का है रे। सुनता काहे नहीं ! जायेगा...कि उठावें डंडा...!"

बड़कवा थोड़ा सहम गया...मगर हटा नहीं। बोला, "जूठन बीनते हैं...तुमसे कुछौ माँगते तो नहीं हैं।...काहे जायें...?"

मगर काका को इतनी बात सुनने की आदत नहीं रही थी। चिल्लाकर बोले, "रामदीनवा...लगा तो दुई ठईं ! अइसे न मनिहैं। इनकी बहिनी की...!"

रामदीन, जगेसर, प्यारेलाल, धुन्नी, गनेशी...सबके सब टूट पड़े। डंडों की जरूरत नहीं पड़ी। थप्पड़ मार-मार कर छोकरों को भगा दिया। छोटे बच्चे रोते आँसू बहाते चले गये। मगर बड़कवा थोड़ी दूर जाकर खड़ा हो गया। मुँह तमतमा रहा था...जैसे सबको खा जायेगा।

दोपहर होते-होते खबर आयी कि पूरा का पूरा गोल आया हुआ है। चालीस पचास कँगले हैं। रात रामभजन के खेत में पड़े रहे। अब बिंदादीन के बाग के पिछवाड़े जमा हो गये हैं।...प्रधान सूघर सिंह की चौपाल में जब लोग इकट्ठा हुए...तो सबके मुँह पर तनाव था। काका बंदूक लेकर पहुँच गये थे। उनकी घनी काली मूँछों में नया रौब था। कसे हुए बदन से वैसे ही बड़े चुस्त दुरुस्त लगते थे। कहने लगे कि एक-एक को शूट कर देंगे।...मगर सूघर सिंह बिलकुल शांत थे। किसी समय बहुत अशांत रहते थे।...अब उतने ही शांत रहते हैं। उनके बड़े बेटे सूरज सिंह आई.पी.एस. में आ गये। तभी से हमेशा शांत रहते हैं।...राणी को शांत रहने का उपदेश देते हैं। क्रोध को पास फटकने भी नहीं देते। बड़ी शांति के साथ बोले कि आप लोग शांति से काम लें और जँगरवारा थाने में जाकर रिपोर्ट लिखा दें। शांत रहें। थानेदार दिग्विजय सिंह कुछ न कुछ जरूर करेंगे। खैनी थूककर बोले, "न हो तो हम ही थानेदार से मिल लेंगे। आप लोग जाओ। फिकिर की कौनो बात नहीं है। हम अब हीं आदमी दौड़ाते हैं। थानेदार

खुदै दौड़े चले आयेंगे...देख लेना...!"

और लोग तो शांत हो गये...मगर रघुनाथ साह के मन की अशांति नहीं गयी। दूर-दूर गाँवों से जो खबरें आ रही थीं...अच्छी नहीं थीं। जो लूटपाट होती थी...अनाज की दुकानों में ही होती थी। पिछले बुधवार जब गाँव की हाट लगी ...तो पता नहीं कहाँ-कहाँ से कैसे-कैसे लोग आ गये थे। सबकी निगाह साह की दुकान पर ही लगी थी। ...रात-भर नींद नहीं आती थी।...

मुझे भी नहीं आती थी। फिर भी रात की राह देखता था। पिछवाड़े की पगडंडी पर चलकर भाभी कहाँ गयी थीं ? क्यों मुझे डर लगता था ? गुस्सा आता था ? दुःख होता था ? ...भाभी को एक बार अकेला पाना चाहता था ...सबकुछ पूछ डालना चाहता था। ...सोचकर मन घबरा जाता था...फिर भी चुप नहीं रह सकता था। ...चारों तरफ सुनसान हो गया...बस एक आग बरसती रही। हम लोग चुप रहकर क्या कर रहे थे ? जलती हुई चिता के पास बैठकर आग को ताक रहे थे। करने के लिए कुछ बचा नहीं था।...मगर मैं क्यों भाभी के बारे में ही सोचता रहता था ? क्यों कोई और बात मन में नहीं आती थी ? ...भैया कहाँ हैं ? कोई खबर क्यों नहीं भेजते ? अम्माँ बप्पा मेरी तरफ ऐसे क्यों देखते हैं ? साँझ को जब सब लोग दुआरे बैठते हैं...तो बीच-बीच में यह फुसफुसाहट क्यों होती है ? चुपचाप कोई बहस हो रही है। अम्माँ कुछ कहती हैं...बप्पा कुछ कहते हैं। काका हमेशा अम्माँ की तरफ होते हैं...मैं भीतर जाता हूँ। भाभी मुँह घुमा लेती हैं। या मेरे सामने पड़तीं ही नहीं...या जबरदस्ती किसी काम में डूब जाती हैं। कुछ पूछो तो 'हाँ' 'हूँ' में जवाब देकर हट जाती हैं। मुझसे बोलना ही पसंद नहीं।

...दुआर...हार...गलियारा...जैती का सूखा किनारा...शिवाले का गंदा चौबारा...कहीं अच्छा नहीं लगता...चैन नहीं मिलता। जहाँ जाओ...लगता है कि कहीं और जाओ। ...सवेरे खबर आयी कि रात दो चोरियाँ हो गयी हैं। रुपिया, पैसा, सोना, चाँदी की चोरी नहीं हुई। आटा, दाल, नमक, हल्दी,...यही सब उठ गया।...मगर कँगले दिखे

नहीं। अचानक कहाँ बिला गये...किसी को मालूम नहीं...। फिर खबर आयी कि शाकिर अली की हवेली पर पुलिस ने छापा मारा। लखनऊ वाले बँगले में हेरोइन के बड़े-बड़े पैकेट मिले हैं। जब से रमजान शुरू हुआ था...रोज ही इफ्तार पार्टियाँ हो रही थीं। मिनिस्टर...एम.एल ए. ...प्रदेश-नगर कांग्रेस के नेता...सभी शामिल होते थे...एकता और भाईचारे का संदेश देते थे। हमारे देवमणि उपाध्याय और रामप्रसाद काका शाकिर अली के खास आदमी थे। सुना, इफ्तार पार्टियों में अच्छे-अच्छे पकवान बनते थे। बतानेवाले बताते थे कि शाकिर अली की हवेली भीतर से खूब सजी है। सब सामान फॉरेन का है। जगह-जगह फोटो लगे हैं...शाकिर अली प्रधानमंत्री के साथ...मुख्यमंत्री के साथ...विरोधी दल के नेता के साथ। सभी बड़े-बड़े लोगों में शाकिर अली का उठना-बैठना है।...उसी के घर पर पुलिस के छापे से सब लोग ताज्जुब में आ गये। सुना, गाँववाले तो पुलिस को देखकर डर गये थे...मगर खुद शाकिर अली बिलकुल नहीं डरे...पुलिसवालों को डपटते रहे। घर की औरतें भी पुलिसवालों को वाही-तबाही बकती रहीं।...

...साँझ को लोग फिर आ बैठे। मगर अचानक मेरी बुलाहट हो गयी। मैं कुइयाँ से पानी खींच रहा था। पानी इतना नीचे चला गया था कि बड़ी देर लगती थी और जोर भी बहुत लगाना पड़ता था। मन में हड़बड़ाहट हो रही थी। आखिर बात क्या है।...बार-बार जो मेरी तरफ ताकते थे...आपस में फुसफुसाते थे...उसका मतलब क्या है ? ...धोती से हाथ-पाँव पोंछकर मैं खड़ा हो गया। बप्पा, अम्माँ और काका ...तीन ही जने थे। मैंने किसी की तरफ नहीं देखा। काका बोले, "देखो भाई नन्दें...जइरी इस्थित है...तुम्हारे सामने है। ...अब यही सम्मत भई है कि तुम बम्बई जाओ और कुछ काम करो। न तो अब बोआई होगी...न फसल कटेगी।...आखिर कुछ तो किया ही जायेगा।...काहे भौजी...ठीक कहते हैं ?...सभी तो जा रहे हैं...माधो...तिरबेनी... कन्हैया...!"

अम्माँ मूड़ हिलाने लगीं। बोलीं, "बाहेर से पइसा न आई तो

खावा का जाई। कउनो रोजगार धंधा तो है नहीं...!''

मगर बप्पा का मुँह तमतमा रहा था। रहा नहीं गया। बोले, ''हाँ, हाँ...तुमहू जाओ...और वहै सब करौ जो जगदीश कर रहा है। यही इन सबकी सम्मत है। हम तो विवश हैं। हरदम अकाल सूखा बना रहता है...! यही सब न होगा तो का होगा !''

मैंने कोई जवाब नहीं दिया। मुँह नीचा किये सुनता रहा।...काका को क्या गरज पड़ी है कि हमारे बीच में बोलें ! हमारे हितैषी कब से बन गये !...कह रहे थे, ''हम दुलरवा से बात किये हैं। वहै सब इंतजाम कर देगा।...ऑटो चलाता है तो का...आदमी बहुत पहुँच वाला है...!''

...तो इंतजाम भी कर लिया है !...मेरा मुँह देखा...तो समझ गये कि मुझे अच्छा नहीं लग रहा है। एकदम बिगड़ गये। बोले, ''सोचने-विचारने की बात तुमसे नहीं कही गयी है। जौन कहा गया है...वहै करना है...समझे ! तुरत तैयारी करो और रवाना हो जाओ। अइसा औसर बार-बार नहीं आता है।...जौन चीज बस्त लगै...बाँधो और कल नहीं तो परौं...गाड़ी पकड़ लेव...!''

मगर मैं हिला तक नहीं। काका गरज कर बोले, ''अब जाओ। खड़े मुँह का ताक रहे हो...!''

मैं वहाँ से हटा...तो सबको मालूम हो गया कि मेरा मुँह तमतमा गया है।...क्यों ?...क्यों मैं गाँव छोड़कर नहीं जाना चाहता था ? क्या था वहाँ ? हर चीज मेरा मन उचाट कर रही थी। कोई जगह नहीं थी जहाँ मन लगता था। ...फिर भी मैं गाँव छोड़कर नहीं जाना चाहता था ?...क्यों ?...जवाब मुझे मालूम था।

रात मैंने भाभी को घेर लिया। खा-पीकर जब सब दुआरे चले गये...तो मैंने कहा, ''बैठो !...कहाँ जा रही हो ?...काम बाद में हो जायेगा...!''

कुछ चौंक गयीं। इस तरह मैंने कभी बात नहीं की थी।...उठते-उठते वहीं बैठ गयीं...मगर मेरी तरफ देखा नहीं।...अचानक मुझे लगा कि उनका मुँह बहुत पीला पड़ गया है...जैसे खून ही नहीं रहा

है। ...मैंने कहा, "....ये लोग हमको बंबई भेजना चाहते हैं...रुपिया पैसा कमाने। वहीं...जहाँ भैया हैं...!"

मैं चुप हो गया। देर तक चुप रहा। बोलीं, "तो ?"

मैंने कहा, "तो क्या ?...तुम्हारी भी यही राय है कि चले जायें...?"

कुछ रुककर कहने लगीं, "हमारी राय बेराय की कौन बात है ? ...हम तो कोई बात में हैं नहीं।...जौन मन में आये करो...या न करो।"

मुझे लगा कि बहुत जल्द उठने लगेंगी। तुरंत बोला, "हमारे मन में क्या है...वही तुमको बताना चाहते हैं...। हम बंबई नहीं जायेंगे ...कभी नहीं जायेंगे...!"

अब वे उठने लगीं। लगभग चीखकर मैंने कहा, "यह भी सुनती जाओ कि काहे नहीं जायेंगे। ...तुम्हारे कारण...बस तुम्हारे कारण नहीं जा रहे हैं। तुमको यहाँ छोड़ के नहीं जायेंगे... समझ गयीं...!"

ठिठक कर रुक गयीं। मुँह ऐसा हो गया कि जैसे किसी मरे आदमी का हो। मैंने कहा, "यहीं रहेंगे...क्योंकि तुमको छोड़ के जाना ...हमको अच्छा नहीं लगता।...हमको तुमसे कुछ पूछना भी है...!"

इस बात पर पल-भर मेरी तरफ देखती रहीं। मुँह कठोर पड़ गया। फिर जरा भी नहीं रुकीं...तुरंत चली गयीं।

सवेरे गाँव में हल्ला होने लगा। रामबरन की भैंस साह के तलैया वाले खेत में मरी पड़ी है। तलैया तो कब की सूख गयी थी...मगर प्यासे गाय गोरू अब भी उधर ही निकल जाते थे।...कैसे मरी...कोई नहीं जानता। उधर कोई जाता भी नहीं था। असाढ़ उतरने लगा था। मालदार किसानों ने बोरिंग लगवा रखा था। साह के खेत में भी पहले बोरिंग से सिंचाई हुई थी...फिर वह भी बंद हो गयी। मजूर जो गये तो फिर नहीं लौटे।

खेत वैसे ही पड़ा था। फिर भी साह ने गोहार लगायी, "रामबरन ! भैंसी हटा ले जाओ। सारे खेत में छीछालेदर हो रही है। ...कुत्ते...गिद्ध...चील्ह...कौवे...सियार...सबका जमघट लगा है...!"

भैंस उठवाना खेल नहीं था। पालगाँव के ठाकुरों का ट्रैक्टर भाड़े पर चलता था। ट्रेलर लगा के ढो ले जाते।...मगर मरी भैंस के लिए इतना खर्चा। भाड़ा वैसे ही भारी होता है...तिस पर आज का यह समय ! काका बोले, "डुमरिया में बहुत डोम चमार हैं। कहलाय भेजो ! आपै उठा ले जायेंगे...!"

मगर कहलाने की जरूरत नहीं पड़ी। दिन चढ़ते-चढ़ते डोमों चमारों और न जाने किन-किन के गोल पर गोल उमड़ पड़े। हो-हल्ला होने लगा...तो हम सब दौड़ पड़े।...ऐसा तमाशा कभी देखा नहीं। कुत्ते...गिद्ध...चील....सब दूर बैठे थे। आदमी आदमी लड़ रहे थे। लगता था...खून पी जायेंगे...मरी भैंस के लिए जान दे देंगे। भैंस इधर पड़ी रह जायेगी...उधर मार मर कर गिर जायेंगे। जगेसर बोला, "नीच जात हैं...भैंस के माँस के लिए लड़ रहे हैं...!"

मुझे हँसी आ गयी।...जगेसर भी तो अहीर था। हम लोग उसको भी नीची जात मानते थे।...मेरी हँसी अच्छी नहीं लगी उसको। कुछ चिढ़ गया।

...काला कलूटा अधनंगा आदमी दोनों हाथ फैलाये खड़ा था। "...खबरदार साला, जो कौनों आगे बढ़ा। हेईं भैंसी के लगे लहास गिरा देंगे...!"

आँखें लाल थीं। डील-डौल डरावना। लोग पीछे हट गये।... चिल्लाकर बोला, "झिंगरवा, भल्लू...आगे आओ। निकार लेव जौन निकरै...!"

छोकरे निकल आये। चार-पाँच रहे होंगे। हाथों में छुरी और टिन के तसले। कुत्तों गिद्धों ने पहले ही मुँह मार रखा था। भैंस के पेट में खोल बन गया था। वहीं से काट-काट कर मांस तसलों में भरने लगे। बाकी खड़े देखते रहे...मगर बहुत देर खड़े नहीं रह सके। धीरे-धीरे आगे सरकने लगे। लगा कि मुँह से जैसे लार बह रही है। झपट पड़ेंगे ...छुरियाँ चला देंगे। पर झिंगरवा और भल्लू की टोली ने बहुत मांस ले लिया। लाल आँखों वाले ने इशारा किया तो छुरे तसले लेकर हट गये। बाकी लोग ऐसे टूटे कि पूछो मत। कुछ इधर से काटने लगे...

तो कुछ उधर से। कुत्ते और गिद्ध भी सिमट आये...मगर आदमियों की धक्का-मुक्की में आगे नहीं बढ़ सके। मेरे लिए बड़े कौतुक की बात थी। घर में मांस-मछली की बात करना भी पाप था। कुछ घरों में कलिया पकती थी। सुना था कि भैया और काका...दोनों जने सब खाते हैं।...यह सब देखकर घिन आती थी।...मगर हटने का मन भी नहीं होता था। जगेसर बोला, "कैसे मजे से देख रहे हो। घिन भी नहीं आती ! घाम तेज हो रहा है...यह भी सुध नहीं...!" घिन आनी चाहिए थी...क्योंकि हलकी-हलकी बू भी उठने लगी थी। लू भी सचमुच बहुत तेज हो गयी थी। घाम चिलचिलाने लगा था। मगर कँगलों को घाम लू का होश नहीं था। मरी भैंस पर भिड़े रहे। पेट का खोल अब इतना बड़ा हो गया था कि छोटे छोकरे पूरे के पूरे भीतर घुस गये थे...वहीं से काट-काट कर तसले बाहर बढ़ा रहे थे।...गाँव के लोग दूर-दूर से तमाशा देख रहे थे...!

चौपाल में रामनिहोरी ऐसे बोल रहे थे...जैसे भाषण दे रहे हों। काका अम्माँ बीच-बीच में मूड़ हिला रहे थे। बप्पा चुपचाप बैठे थे। रामबरन उदास था। रामनिहोरी मानो चिल्ला रहे थे, "अरे, अबै तो कुछ नहीं है...आगे देखौ कि का होत है !...तुलसीदास जी कह गये हैं...कलजुग अंत तबै हुइ जैहै...मानुस को तन मानुस खैहै...! देख लेना...गोसाईं जी की बात सामने न आये तो!...मनई दूसरे मनई को नोच के न खा जाये तो हमसे कहना कि क्या कहते हो !...यह सूखा ...यह अकाल...सब अधम नीच पापियों के कर्मों का फल है...दंड है...!"

गोसाईंजी और रामकथा की महिमा का बखान करने लगे तो जगेसर बैठ गया...मगर मैं भीतर चला गया !...

संझा समय जब लू कम हुई...तो लाउडस्पीकरवाला रिक्शा गलियारे में आकर खड़ा हो गया। पहले सिनेमा के गाने बजे।...'आ जा सजन आ जा...तेरे बिन जिया लागे ना' और 'मौसम बहार का ...तेरे मेरे प्यार का' फिर चिल्ला-चिल्लाकर कोई बोलने लगा, "बहनो और भाइयो !...हाय...मानव की ऐसी दुर्दशा ! ऐसा भयंकर

आर्तनाद ! भूख से बिलबिलाते बच्चे...मौत के मुख में पड़ी माताएँ ...बिलखते वृद्ध...निराश नवयुवक...! कौन पाषाण हृदय है जो न पसीजेगा...! किन्तु घबराने की आवश्यकता नहीं...हम आ गये हैं ...हमारे नेता आ गये हैं। दिल्ली से ख़ुद प्रधानमंत्री का संदेश आया है...आप सबके लिए...दुःखी पीड़ित मानवता के लिए। शीघ्र ही सब क्लेश मिट जायेंगे...! योजना बन गयी है। यहीं आपके समीप... रासायनिक खाद का विशाल कारखाना खुलेगा। योरोप और अमरीका वालों से करार हो गया है। गंगा से यहाँ तक नहर बनेगी। रूस से इंजीनियर आ रहे हैं...मशीनें आ रही हैं। हजारों को काम मिलेगा। खेत लहलहायेंगे...किसान हर्षायेंगे...जन मन सरसायेगा। बापू के स्वप्नों का भारत साकार होगा...नेहरू जी का अधूरा कार्य पूरा होगा। देश प्रगति कर रहा है।...विशाल जन सभा...सुभानपुर गांधी मैदान में...कल शाम पाँच बजे। हजारों की संख्या में आइए...इंदिरा जी के हाथ मजबूत कीजिए। वक्ता...राज्य के कृषि मंत्री माननीय बेनी माधव त्रिपाठी तथा युवा हृदय सम्राट देवमणि उपाध्याय !...जिंदाबाद... जिंदाबाद...!" इसके बाद फिर फिल्मी गाना बजने लगा...'भीगा-भीगा है समाँ...तू हैं हसीं...मैं हूँ जवाँ...!' गाँव के अधनंगे बच्चे जाते हुए रिक्शे के साथ-साथ चलने लगे। रिक्शावाला पैडल पर उछल-उछल कर पाँव मार रहा था। रिक्शा चल नहीं पा रहा था...या गली खराब थी...या फिर हड्डियों के उस ढाँचे में कोई दम नहीं था...!

...मगर रात बहस हो गयी। हालत तो बिगड़ती ही जा रही थी। जिनकी पहले से खराब थी...लड़खड़ा कर गिर रहे थे। जो थोड़ा मजबूत थे...अब तक पाँव जमाये थे। जो कुछ और 'धंधा' करते थे ...फल फूल रहे थे।...बप्पा लड़खड़ा रहे थे। गिरने में कोई कमी नहीं रह गयी थी। रामप्रसाद काका फल फूल रहे थे...मगर सहारा देने को तैयार नहीं थे।...लालटेन जल रही थी...मगर उजाला कहाँ है...किसी को मालूम नहीं। सब दुआरे बैठे थे। मुँह कहीं नहीं थे...बस आवाज़ ही आवाज सुनायी देती थी। रामनिहोरी की फटफटाती आवाज बढ़े हुए पाप की कथा कह रही थी। पर गाँववालों का सवाल कुछ और

था।...हमने क्या किया है ? हम कौन पाप का दंड भोग रहे हैं ? हम तो निर्दोष हैं। हमने तो कुछ किया नहीं है। जिन्होंने पाप किया होगा...किया होगा ! हम क्यों दंड भोग रहे हैं ? भोग रहे हैं...तो कुछ प्रायश्चित भी तो हो।...हमारी मुक्ति क्यों नहीं होती ? जवाब रामनिहोरी के पास नहीं था...पर देंगे अवश्य। हमारे शास्त्रों और पुराणों में ज्ञान का भंडार भरा है। वही इसका उत्तर देंगे...अवश्य देंगे।

...जब सब चले गये...तो रह गये वही तीन चार जने। काका की आवाज आयी,...''नन्हे...तनिक यहाँ आओ...!''

मैं ऊँघ रहा था। उठने का मन नहीं था। फिर भी खटिया छोड़नी पड़ी। फिर वही अदालत...वही काका...वही अम्माँ...वही बप्पा। काका बोले, ''कब तक निकलना है ?...दुलरवा के पास से संदेसा आया है।...छः-सात दिन में गाँव के तीन जने बंबई जायेंगे...!''

मैं चुप खड़ा रहा। अम्माँ ने डाँट कर कहा, ''अब चुप्पे काहे ठाढ़े हो ? ...जौन कहा जाता है...करते काहे नहीं...?''

मुझे बप्पा का भरोसा था। मगर उन्होंने भी हथियार डाल दिये। बोले, ''हाँ, नन्हें...अब और कौनो उपाय नहीं है। ठीक साइत पर निकल जाओ। भगवान ने चाहा...तो सब ठीक हो जायेगा...!''

मुझे ऐसा धक्का लगा कि...मैंने सोचा भी नहीं था। उनकी तरफ मुँह बाये देखता रहा...कि चीख कर काका बोले, ''कुछौ बकुरते काहे नहीं ? घुन्ना बने कब तक ठाढ़े रहोगे ?''

मेरा मुँह तमतमा गया। लालटेन का उजाला मुझ तक पहुँच नहीं पा रहा था। मैंने कहा, ''हमको नहीं जाना है बंबई फंबई। हम यहीं रहेंगे...!''

काका चकित हो गये। मैं कभी ऐसे बोलता नहीं था। ...कहने लगे, ''पगला तो नहीं गये हो ? मूड़ तो नहीं फिर गया है ? मालूम है...का कह रहे हो !''

मैंने ढिठाई से कहा, ''हमारा मूड़ ठिकाने है और हम पगलाये भी नहीं हैं।...जौन ठीक लगेगा...हम वही करेंगे...!''

अम्माँ हाय खा गयीं। बोलीं, ''अरे सुनौ लड़िका की बात !

बुद्धि भरस्ट हो रही है...!"

हड़बड़ाकर बप्पा बोले, "अच्छा अच्छा...अबै चुपाय रहो।...हम समझा लेंगे नन्हें को।...जाओ बेटा...तुम जाओ !...बाद में तुमसे बात करेंगे...!"

मैं भुनभुनाता हुआ वहाँ से हट गया। मालूम था कि काका घुड़ककर ताक रहे हैं...जैसे खा जायेंगे। अम्माँ कौतुक से निहार रही थीं।...इस समय मैं भाभी को ढूँढ़ रहा था। मिल जातीं तो बरस पड़ता ...जो नहीं कहना था...सब कह डालता।

मगर भाभी नहीं मिलीं। मिलीं भी तो दूर से ही हट गयीं। ...रात बीत गयी। दिन चढ़ा और उतर गया। रात फिर बीत गयी। उमस कम नहीं हुई...और बढ़ गयी। हवा का पता नहीं था...पत्ता तक खड़क नहीं रहा था।

...भीतर भी उमस थी। साँस रुक रही थी...असाढ़ उतर रहा था। गाँव का जीवन भी रुक गया था। लोग ऊपर की तरफ ताकते रहते। किसी दिशा में कोई बादल नहीं...कोई इशारा नहीं।

...भाषण खूब हुए थे। सुभानपुर की सभा का समाचार बड़े अक्षरों में छपा था।...फिर वही बात। किसी को भी भूख से मरने नहीं दिया जायेगा। सरकार हर स्थिति का सामना करने के लिए तैयार है। कारखाना खुलेगा। नहर बनेगी। और भी कारखाने खुलेंगे। रूस ...जर्मनी...इटली से करार हो चुके हैं। और भी बड़े-बड़े देशों से करार होंगे। हमारा देश पीछे नहीं रह सकता। सब सुखी हो जायेंगे। आप लोग केवल इतना करें...सप्ताह में एक दिन व्रत रखें और अन्न की बरबादी को टालें। बनियों, व्यापारियों, कालाबाजारियों पर कड़ी कार्रवाई की जायेगी। अनाज की सरकारी दुकानें खुल गयी हैं। बैंक से कर्जा मिलेगा। जेवनारों भोजों पर पाबंदी है। शादी-ब्याह का मौसम है। पाँच से अधिक लोग भोजन नहीं कर सकेंगे। व्रत रखने के लिए दो दिन अच्छे हैं...मंगलवार और शनिवार। एक रहें...अफवाहों पर ध्यान न दें...प्रधानमंत्री के हाथ मजबूत करें।

जो पढ़ सकते थे...'लोकप्रिय' लेकर बैठ जाते...खबरें सुननेवालों

खाली पड़े थे। गौरैयों और गलगलियों का भी पता नहीं था। सामने जमीन थी...बीच-बीच में कहीं-कहीं गौरैयाँ मरी पड़ी थीं। लू की लपट से झुलस कर जमीन पर टपक पड़ी थीं। ...कब आँख लग गयी मालूम नहीं पड़ा...।

छह

जब लौटा...दिन काफी ढल गया था। नीमी के नीचे के खटोलों पर लोग वापस आ गये थे।...रामनिहोरी की आवाज दूर से ही सुनायी पड़ रही थी।...धरती के पापों का प्रायश्चित करना पड़ेगा। चंडी महायज्ञ...रुद्र महायज्ञ...इक्कीस ब्राह्मण...अखण्ड वेदपाठ...वरुण कल्प...दिन-रात हवन...जप...भजन...कीर्तन...ग्यारह दिनों तक। इसके उपरांत ब्रह्मभोज। इंद्रदेव अवश्य प्रसन्न होंगे। वर्षा तुरंत हो जायेगी...इसमें संदेह नहीं। प्राचीन ग्रंथों का विधान मिथ्या नहीं हो सकता...।

मैं सीधा भीतर चला गया। अँगौछे में पकी-अधपकी अमियाँ बाँध ली थीं। भाभी को देना चाहता था।...भीतर का हाल देखा तो वहीं खड़ा रह गया। ...नर्दवा पर भाभी उलटी कर रही थीं।...अम्माँ आँखें फाड़े ताक रही थीं। भाभी निढाल हो गयीं...तो अम्मां चली गयीं। मैंने बढ़कर पानी दिगा। किसी तरह उठकर खड़ी हो गयीं ...फिर अपनी कोठरी की तरफ चली गयीं।...

कोई बड़ी बात नहीं थी। गरमी ही इतनी थी। उल्टी और चक्कर की बीमारी हो जाये...तो ताज्जुब नहीं।...कोठरी के किवाड़ पकड़कर मैंने भाभी से पूछा, "...कुछ चाहिए...?"

चिढ़ गयीं। काँपती आवाज में चिल्लाकर बोलीं, "हाँ...चाहिए ! ...मौत ! ...नहीं दे सकते तो हियाँ ठाढ़े काहे हो ?...और जगह नहीं है...?"

मैं सन्नाटे में आ गया। फिर धीरे-धीरे बाहर निकल आया।

...रामनिहोरी अब भी बोले जा रहे थे।...''यही कलजुग है। नीच लोग भाला फरसा लाठी लेकर खड़े हो रहे हैं। चुप कर जाना ही उचित है। कहा है–कछु कहि नीच न छेड़िये...भलो न वाको संग...पाहन डारे कीच में...उछरि बिगारै अंग...!''

...मगर रात से ही सनसनी हो गयी। समझ में नहीं आ रहा था ...हुआ क्या है।...या फिर वही मायाजाल। अम्माँ और काकी फुसफुसाती हुई आयीं...और चली गयीं...फिर लौट आयीं। बप्पा अलग पड़े थे...किसी और ही चिंता में। रामनिहोरी फिर आ गये थे। लगातार बोले चले जा रहे थे। अम्माँ को लौटता हुआ देखा...तो बप्पा बोले, ''काहे...का बात है ? आज पानी पत्ता कुछ नहीं धरा...!''

जल्दी-जल्दी आकर अम्माँ ने पानी धरा...फिर जल्दी-जल्दी चली गयीं। बप्पा देखते रहे। रामनिहोरी की आवाज गूँज रही थी–''यहाँ रोज रामकथा चलती...वहाँ वह कोढ़ी चुपचाप दूर बैठ के रामकथा का स्रवन करता रहता।...तुलसीदास जी समझ गये...हो न हो कोई महात्मा है। उनको का मालूम कि यह जो हैं सो साक्छात हनुमान जी हैं...कोढ़ी का रूप धर कर नित नियम से आय के राम कथा का स्रवन करते हैं...!''

मैं उठकर बैठ गया। आखिर यह हो क्या रहा है ? सुंदारा बुआ भी आयीं। कभी तो आती नहीं हैं। जरूर बुलवाया गया है।...मैं देखता रहा !...क्या हो रहा है घर के भीतर ? जाकर देखने का कोई बहाना नहीं था। नाउन चाची भी चली आ रही हैं।...रामदीन की दुलहिन भी !...बप्पा कुछ नहीं जानते। आँखें मूँदें पड़े हैं...सब लोग मूँदें हैं। बस रामनिहोरी की आँखें खुली हैं...आवाज गूँज रही है–''अहा ! ...साक्छात हनुमान जी परगट हो गये...कोढ़ी का चोला टूट गया। तुलसीदास जी चरनन पर गिर पड़े...कहा....महाराज...प्रभु रामचन्द्र जी के दरसन करवाइए...नहीं तो हमारा यह मनुस जनम अकारथ हुआ...!''

...मैं यहाँ वहाँ ताकता हूँ। कहीं मन नहीं रमता ! अजीब संसार है। हनुमान जी प्रकट होते हैं...अंतर्धान हो जाते हैं। चित्रकूट के घाट

पर प्रभु रामचंद्र जी के दर्शन कराने का वचन दे जाते हैं। ...आवाज गूँजती जाती है।...तुलसीदास जी चंदन घिस रहे हैं...प्रभु रामचंद्र जी तिलक कर रहे हैं...हनुमान जी तोता बन कर बिरवा पर बैठे हैं... चिल्ला रहे हैं...तुलसीदास जी...नेत्र खोलो...यही प्रभु रामचन्द्र जी हैं। ...कर लो दर्शन...! आँखों से आँसू की धारा बह रही है। तुलसीदास जी रो रहे हैं। रामनिहोरी रो रहे हैं। सुननेवाले रो रहे हैं। सब प्रभु की लीला है। जहाँ चाहें पहुँच जायें...जो चाहें बन जाये। हनुमान जी ने समझाया होगा...प्रभु मान गये...दे दिये दर्शन...!

मगर हवा कहाँ गयी...मालूम नहीं। उमस ही उमस है।...बुआ ...चाची...दुलहिन...सब मुँह लटका कर लौट गयीं। बप्पा वैसे ही पड़े पंखा डुलाते रहे। ...मच्छर बहुत थे। बेचैनी बहुत थी। रामनिहोरी जोर-जोर से गा रहे थे—"यह मोह को जाल पसार चहूँ दिसि...संतत खेलत काल अहेरो...भाग तू मोह मया ममता तजि...काहू को तू ...न कहूँ कोउ तेरो...!"

ये बोल मुझे अच्छे लगे। जैसे मुझसे ही कहे जा रहे हैं...या मेरे मन की बात है।...भाग तू मोह मया ममता तजि...काहू को तू ...न कहूँ कोउ तेरो... ! रामनिहोरी की आवाज फटफटाती है...मगर गाते सुर में हैं।...

...मगर मैं बहुत थक गया था। कब आँख लग गयी...मालूम नहीं। बीच में कई बार खुली।...चार दिन में असाढ़ भी खत्म हो जायेगा। सावन लग जायेगा। कुछ करना होगा।...रुद्र महायज्ञ ! ...चंडी महायज्ञ !...पृथ्वी के पाप का यही उपाय है।...रामनिहोरी कब चले गये...मालूम नहीं पड़ा।...फिर आँख खुली...तो छोटे घर से आवाजें आ रही थीं। काकी जोर-जोर से कुछ कह रही थीं...और रो रही थीं।...लगा कि काका उनको मार रहे हैं। जोर-जोर से गालियाँ बक रहे हैं...चिल्ला रहे हैं।...फिर धीरे-धीरे सन्नाटा हो गया।...क्या हुआ ? काकी इतना बिलख-बिलख कर तो कभी नहीं रोयीं। काका ने भी उन पर कभी हाथ नहीं चलाया था।...फिर आँख लग गयी। ...फिर उजाला फैल गया। मैं नहीं उठा। फिर लगा कि उजाला नहीं

है...लपट है...बढ़ती चली आ रही है।...

...भीतर गया। भाभी कहीं नहीं दिखीं। शायद भुसौरा बुहार रही थीं। नर्दवा पर रात के बर्तन पड़े थे।...मक्खियाँ भिनभिना रही थीं। ...अम्माँ सामने खड़ी थीं। मेरी तरफ देख रही थीं। लगता था...मेरे आरपार देख रही हैं। मगर...जंगल के खूँखार जानवर की तरह क्यों लग रही थीं ? मेरी तरफ तो देख नहीं रही थीं। फिर कहाँ देख रही थीं...क्या देख रही थीं ? क्यों चेहरा इतना भयानक हो गया था ?

...उनसे बोलना चाहता था...मगर हिम्मत नहीं हो रही थी...कुछ देर खड़ा रहा...फिर अचानक छोटे घर की तरफ चल पड़ा...!

वहाँ भी सन्नाटा छाया था। काका नहीं थे। काकी खटिया पर औंधे मुँह पड़ी थीं। आहट सुनकर एक बार मुँह उठाया...फिर तकिया में गड़ा लिया। बोलीं, ‘‘का बात है ?’’

मैंने जवाब नहीं दिया। उनका मुँह एक ही रात में ऐसा हो जायेगा...सोच भी नहीं सकता था। ...सूजन थी...या क्या था...मालूम नहीं। जरूर मुँह सूज गया था...आँखें लाल थीं...बाल बिखरे थे। ...सही था...उन्हें पीटा गया था।...मैं वैसे ही खड़ा रह गया। उन्होंने भी फिर कुछ नहीं पूछा। मेरे चल पड़ने की आहट हुई...तब भी कुछ नहीं बोलीं।

...भुसौरे के भीतर गया। चारों तरफ अँधेरा था। झाड़-बुहार ...कुछ नहीं ! झाँखरों की बुहारनी एक तरफ पड़ी है...भाभी दूसरी तरफ पड़ी हैं।

मैंने पुकारा, ‘‘भाभी !’’

धीरे-धीरे हिलीं। जैसे बेहोशी के बाद होश में आ रही हों। फिर किसी तरह उठीं...बुहारनी लेकर बुहारने लगीं।...हाथ पाँव निढाल ! अब गिर जायेंगी ...तब गिर जायेंगी...!

...मगर सच क्या था ? ...वही...जो मैं सोच भी नहीं सकता था।...दोपहर होते-होते गाँव की दो-चार औरतें और आयीं...और चली गयीं।...साँझ हुई भी नहीं थी कि भागे-भागे रामनिहोरी पहुँच गये। लपट अब भी तेज थी। कान...मुँह...मूड़...सब अँगौछे में लपेट लिया

था। बस, आँखें दिखायी दे रही थीं। सहसा पहचानना मुश्किल था। ठेठ बरोठे में पहुँचकर अँगौछा खोला और पुकारकर बोले, "...भौजी ! ...तनिक हियाँ आओ...!" मुझसे बोले, "तुम हियाँ खड़े-खड़े का मुँह ताक रहे हो !...भीतर जाओ और अपना काम करो...!"

बप्पा औंघा रहे थे। उठकर बैठ गये। अम्माँ तुरंत ही आयीं। ...मैं भीतर तो क्या जाता...ओट में होकर सुनने लगा...आखिर बात क्या है ...!

मोटी आवाज में रामनिहोरी बोले, "...हमको छिमा करना भौजी !...जौन सुना है...सच्ची है का ...?"

अम्माँ कुछ नहीं बोलीं। मूड़ नीचे कर लिया। बप्पा हकबकाये ताकते रहे।

रामनिहोरी की आवाज में दर्द पैदा हो गया। "बड़े दुख का बिसय है।...अइसा घोर अनरथ ! महापाप...हमारे ही घर में...सिव सिव !... राम ! राम...!

जैसे चीखकर बप्पा बोले, "आखिर बात का है...हमसे भी तो कहो... !"

अम्माँ चुप रहीं। धीमी आवाज में रामनिहोरी बोले, "जगदीस को गये डेढ़ बरस हो गया।...डेढ़ काहे...पूरे दुई हो रहे हैं।...और दुलहिन पेट से है।...छिः छिः छिः छिः ! प्रभो...!"

देखा कि रामनिहोरी कान पर हाथ धर रहे हैं। इसके बाद... कुछ याद नहीं। बप्पा क्या बोले...मालूम नहीं।...चक्कर सा आ गया। क्या हो रहा है...? खड़ा हूँ...या गिर रहा हूँ...या वहीं जमीन पर बैठ गया हूँ...दीवार पकड़कर फिर उठ रहा हूँ।...बरोठे की आवाजें दूर चली गयीं...भीतर की कोठरी में...कब आया...पता नहीं।...खटिया पर कब गिरा...होश नहीं। पुरानी तमाम बातें सामने आयीं ...नये नये रूप धर कर...फिर चली गयीं।...अचानक उठकर बैठ गया। लगा कि क्या कर डालूँ...भाभी का गला दबा दूँ...मार डालूँ !...ऐसा दगा...मेरे साथ ! ...घर भर में अकेला मैं...उनसे कितना प्रेम करता रहा...! कोई कर सकता है.. ? ऐसा मोह...ऐसी ममता !...कितना दुख भोगा...भीतर

ही भीतर...इस औरत के लिए।...छिः मेरे ही साथ छल...धोखा!... किस आदमी के लिए ? कौन है वह ?...देवमणि उपाध्याय ?...उसी की तरह का कोई और...गिरा हुआ आदमी ? ऐसे आदमियों के लिए...! छिः !...

बहुत गुस्सा आया।...मगर फिर मैं रोने लगा।...फूट फूट कर ...सिसक सिसक कर...! खूब रोया इतना रोया...इतना रोया...कि सारी दरी गीली हो गयी। मगर मेरे आँसू खतम नहीं हुए। ...लगा ...कि मेरा सब लुट गया...कुछ नहीं बचा !...मगर क्यों ?...बीच धारा में अकेला छूट गया। कह नहीं सकता ...बता नहीं सकता। सोच लिया कि कभी नहीं...अब कभी भाभी का मुँह नहीं देखूँगा !...बंबई ...कलकत्ता...जहाँ भेज दो...चला जाऊँगा !...कभी नहीं लौटूँगा...!

...बहुत देर हो गयी। कब हुई...पता नहीं चला।...आँगन की तरफ देखा—साँझ घिर रही थी। अँगौछे से रगड़-रगड़ कर आँखें पोंछीं। बाहर आ गया। उस तरफ देखा भी नहीं...जहाँ भाभी की कोठरी थी। घूमकर चलने लगा।...मगर सामने देखा...आँगन के उस पार।...जूठे बर्तनों से झौवा भरा हुआ है। भाभी खींच-खींच कर बैठ जाती हैं ...फिर खींचती हैं...फिर बैठ जाती हैं। मगर नर्दवा दूर है।...पीला जर्द चेहरा...फूलती हुई साँस...निढाल।...फिर भी एक कोशिश...एक और कोशिश।...फिर एक और...! फिर मेरी तरफ एक नजर...! मैं आँखें फेर नहीं सकता...देखता रहता हूँ। जो देखता हूँ...सच है ...या फिर मेरी निगाह का फेर।...सूनापन...खालीपन...उदासी... मौत...! आँखें नहीं...सिर्फ पत्थर हैं !...काले पत्थर...सफेद पत्थर ...सूखे...बेजान।

...आँखें घुमा लीं।...क्या उन आँखों में कोई गुहार है ?...कहीं कोई पुकार ?...कोई चीख ?...मदद या सहारे की विनती ?...नहीं ...बिलकुल नहीं !...उसी तरह घिसटती रहीं। मैं बाहर निकल आया।

...जब साँझ ढल गयी...प्रवचन नहीं हुआ...भजन नहीं हुआ। फुसफुसाती आवाजों में बातें होती रहीं। ...कौन आदमी है ?...पूछो उस कुलटा से।...कौन आया था ?...काका बीच में ही चीख उठते

हैं...हम तुरंत शूट कर देंगे।...न करें तो...! मगर रामनिहोरी फिर बोलने लगे—"नहीं भाई !...कउन आदमी है...कउन घर में आया ...कि यह पापिन बाहर गयी...यह सब गंदा चहला है...मैला है...। जितना कुरेदोगे...उतना ही बिस्ठा में पड़ोगे।...पापिन को जौन मौज मजा करना था किया। अब बिपत्ति हम लोगन पर पड़ी है।...यह अकाल...सूखा...इंद्रदेव का कोप...ये सब ऐसे ही थोड़े हैं। कहा है—कहु रहीम कैसे बने केर बेर को संग...ये तन डोले आपने...उनके फाटैं अंग।...तो बिचार करो कि हम सब कुल सील वाले लोग...हमारे घरन में बहू-बेटियाँ हैं...यहै सब सीखैंगी !...तो धर्म कहाँ जायेगा ...पृथ्वी कहाँ जायेगी...!"

फिर फुसफुसाहट होने लगी।...एक पंचायत...एक कचहरी... एक अदालत। न्याय हो रहा है। भाभी अकेली हैं...कटघरे में खड़ी हैं। मैं अलग खड़ा देख रहा हूँ।...विचार हो रहा है...क्या दंड दिया जाये...कि पाप धुल जाये...सबकी मुक्ति हो जाये...!...यहाँ से वहाँ ...वहाँ से यहाँ...बेचैन टहलता रहा।...फिर बप्पा की तरफ देखता रहा।...बहुत भरोसा रहा उन पर। ...चुप हैं। हार गये हैं। मुँह पीला पड़ गया है। मूड़ झुकाकर सब सुन रहे हैं। ...अम्माँ हैं...काका हैं ...पांडे हैं...सब शामिल हैं। ...मैं ? मैं भी क्यों नहीं मिल जाता इनसे ? क्यों मुझे दुख होता है उसके लिए...जिसने मेरे साथ छल किया...जिसके लिए मैं दिन-भर रोता रहा...?

...रात बहुत बीत गयी।...उमस...गरमी...मच्छर...खटमल। आज किसी को किसी से कोई कष्ट नहीं। गुझे भी नहीं। कहीं कुछ नहीं। बस...एक फुसफुसाहट चलती जाती है।

मैं सो नहीं सका। उठकर भीतर चला गया।...जिसने पाप किया है...कहाँ है...किस हालत में है ? उसको मालूम है कि उसके पाप के लिए दंड का फैसला किया जा रहा है ?

आँगन में कालिख लगी लालटेन...काली रोशनी!...नीचे वही नर्दवा !...मैले कपड़ों का ढेर...वही भाभी !...चौके में जाना बंद। ऐसे के हाथ का अन्न कोई खा नहीं सकता। नर्दवा भी कब तक चलेगा

...नहीं मालूम।...मगर भाभी...मुँह नीचा किये ओकारी भर रही हैं ...उल्टियाँ कर रही हैं। एक हाथ में मँजना था...दूसरा गीली गंदी मिट्टी में सना था। कालिख लगी बटलोइयाँ...गंदे पतीले ...जूठे परात ...गिलास...थालियाँ...कटोरे...कटोरियाँ। इतने सारे बर्तन तो कभी होते नहीं।

...मगर भाभी हाँफने लगीं। ...जी मिचलाता है...उल्टी करती हैं...पर पेट खाली है। कुछ नहीं निकलता। हाँफती जाती हैं।...मेरा मन हुआ कि दौड़ जाऊँ...पानी दूँ...सहारा दूँ। ...मगर मैं खड़ा रहा ...चुपचाप...बेजान...पत्थर की तरह।

...घिसट कर खुद ही पानी लिया। दोनों हाथ धोये।...किसी तरह मुँह धोया...कुल्ला किया...धीरे-धीरे उठने की कोशिश की। इधर-उधर कोई टेका नहीं। पत्थर पर दोनों हाथ रखकर उठ नहीं पा रही थीं।...तो अचानक मैं आगे आ गया...उनकी दोनों बाँहें पकड़ीं ...उन्हें ऊपर उठाया...पहली बार उनके इतने पास आया।...सूखी आँखों से मेरी तरफ ऐसे देखती रहीं...जैसे चीन्हती ही न हों।

धीरे-धीरे चलाकर नहाँ के बोरे पर मैंने उन्हें लिटा दिया। आँगन के खटोलवा पर खुद बैठ गया। ...अब पूरी रात थी...पूरा अँधेरा ...पूरा सन्नाटा ...बाहर कोई बोल रहा था...या सब चुप हो गये थे ...या सब चले गये थे...कुछ मालूम नहीं।

मैंने कहा, "...अपनी हालत तुम जानती हो न ? ...कि नहीं जानतीं... ?"

अँधेरे से कोई जवाब नहीं आया।...बाहर कुत्ता भौंक रहा था। मैंने कहा, "सब जान गये हैं...किसी धोखे में न रहना।...खाली तुम्हारे आगे अनजान बनते हैं...कि तुम...बीमार हो...!"

भाभी अब भी नहीं बोलीं। मेरे भीतर जैसे कोई आग धधकने लगी। मैंने कहा, "काम तो तुमने...बहुत अच्छा किया है।...ओढ़रीपना भी करोगी...हमने नहीं सोचा था...!"

लगा कि तिलमिला गयीं। पहली बार बोलीं, "तुम चुप रहो ! ...तुम्हारा बोलना हमसे सहन नहीं होगा।...तुम्हारे मन में का का रहा

है...हमको मालूम है...!"

मुझे अचंभा हुआ। भाभी बोल सकती हैं ? इस तरह ?...पाप के बोझ के नीचे दबी स्त्री के मुँह से ऐसे बोल फूट सकते हैं ? किसी घटिया आदमी के सामने हार मान लेनेवाली स्त्री मुझे दुत्कार सकती है ?...मैंने कहा, "...का मालूम है ?...का मालूम है तुमको ?...यह मालूम है कि हम भी तुम्हारा यह हाल हो जाने देते...जो हो रहा है ? ...सुभानपुर की पतुरियों से दिल बहलाव करनेवालों के साथ तुम हमारी बराबरी करती हो !...छिः छिः !...आज तुम्हारी का गत हो रही है ! ...और तुम्हारे साथ सबकुछ करनेवाले भले आदमी बने बैठे हैं...पंच बनकर तुम्हारा फैसला कर रहे हैं !...और तुम...तुम...!"

मैं चुप हो गया। कैसे कह गया सबकुछ...मालूम नहीं। क्यों आवाज काँपने लगी...ओंठ थर्राने लगे...मालूम नहीं ! लगा कि एक बाँध टूट गया है।...अब नहीं रुकेगा। मगर गला जवाब दे गया।

अँधेरे से कोई जवाब आयेगा ?...नहीं...कोई जवाब नहीं आया। मैंने कहा, "हमने तुमको का समझा...बताने की बात नहीं है।...ऐसा प्रेम कोई नहीं कर सकता भाभी !...हमारे लिए तुम...सब कुछ रहीं...तुम्हारे बराबर कोई नहीं रहा...! तुम...तुमको हम...!"

रुआँसा होकर चुप हो गया। भाभी अब भी कुछ नहीं बोलीं ...तो मैंने कहा, "...देवमणि के मुँह पर थप्पड़ मारा था...कि उसने फिर इधर को मुँह नहीं किया।...फिर वही तुम...खुद ही गिर गयीं ...बजबजाते नर्दवा में...हमको भरोसा नहीं होता...!"

पूरा जोर लगाकर उठ बैठीं। जैसे चीख कर बोलीं, "जाओ ...बाहर जाओ !...हमारे पास बैठ के...हमको बेइज्जत करने की जरूरत नहीं।...हमारा फैसला करने की बुद्धि तुम्हारे पास नहीं है ...समझ गये...!"

गिरती पड़ती बर्तनों के पास पहुँच गयीं और जल्दी-जल्दी माँजने लगीं।

वहीं बैठे-बैठे मैंने कहा, "...मालूम है कि बाहर का हो रहा है...?"

जोर से बर्तन घिसती हुई बोलीं, "...मर जायेंगे...इसका डर नहीं

है हमको...!"

तीखी आवाज में मैंने कहा, "...जरूर मरो।...तुमको इस हालत में पहुँचानेवाले तभी मौज मजा कर पायेंगे...!"

उनके हाथ धीमे पड़ गये। देर बाद बोलीं, "...तुम जाओ... तुम्हारे हाथ जोड़ते हैं।...हमारा जो होगा...हो जायेगा ! तुमको फिकर करने की जरूरत नहीं...!"

मैं उठकर खड़ा हो गया। चलते-चलते रुक कर बोला, "...तुमको मिटा के रहेंगे...यह समझ लेना...। ये लोग तुमको ऐसे ही नहीं रहने देंगे...!"

भाभी उसी तरह बर्तन पर हाथ चलाती रहीं। मैं बाहर निकल आया।

सात

आँख बिलकुल नहीं लगी...और उजाला फैलने लगा।...मैंने देखा कि बप्पा सामने खड़े हैं। तुरंत उठकर बैठ गया। बप्पा खटिया की पाटी पर बैठ गये...फिर एक बार। लगा कि रात-भर सोये नहीं हैं।... खाँस-खखार कर गला साफ किया ...फिर बोले, "तुम तो जानते हो कि...यह सब का हो रहा है...!"

चुप हो गये। मैंने कुछ नहीं कहा। बोले, "ऐसा करो भैया... इसको ले जाओ...कहीं छोड़ आओ...! यह पाप अब यहाँ न पले ...इसी में सबकी भलाई है...!"

मुझे लगा कि मेरी भौंहें तन गयी हैं। पहली बार सिर उठाकर मैंने कहा, "...कहाँ छोड़ आऊँ ?...जंगल...पहाड़...कुआँ...कहाँ ढकेल आऊँ ? ...कोई ठिकाना है उनके लिए ?"

चिड़चिड़ाकर बोले, "...नहीं है ठिकाना...तो जाये जहाँ जाती है। ...यहाँ नहीं रह सकती...!"

बप्पा का यह रूप...बिलकुल अलग। मैंने कभी सोचा भी नहीं

था। ढिठाई से मैंने कहा, "...तुम भी यही कहोगे बप्पा ? ...पाप करनेवाले...मजबूर औरत को घेरकर मजबूरी का फायदा उठानेवाले ...तुम्हारे घर के भीतर बैठे रहेंगे !...और...और वह...!"

मैं चुप हो गया। ...इतना सब मैं समझता था ? मुझे ताज्जुब हुआ !...या ऐसे ही बोल गया...भाभी का बचाव करने के लिए...?

अब बप्पा सचमुच नाराज हो गये। बोले, "तुमसे जो कहा जाता है...वही करो।...इस वास्ते...कि और कोई है नहीं !...कौन पापी है...कौन धर्मात्मा है...यह पंचायत करने की समझ नहीं है तुम्हारी...!"

अचंभे का कोई ठिकाना नहीं था। मुँह बाये उनकी तरफ देखता रहा। ...बप्पा उठकर खड़े हो गये। बोले, "तो सोचते रहो बैठ के। ...बीच में उसकी जान को कुछ हो गया...तो याद रखना...!" डंडा टेकते जो गये...तो मुड़कर भी नहीं देखा...।

...मगर अम्माँ और रामनिहोरी ने कोई कसर नहीं छोड़ी। घर-घर में चर्चा चल रही थी। घर-घर में क्या...आसपास के कई गाँवों में यही बात हो रही थी।...यही पाप है...अकाल सूखे-भुखमरी की जड़। इसका प्रायश्चित नहीं होगा...तो धरती रसातल को पहुँच जायेगी। ...रुद्र महायज्ञ...चंडी महायज्ञ की तैयारी शुरू हो गयी। पाप और अकाल से मुक्ति का यही रास्ता है। ...दस बोरी चावल...बीस बोरी गेहूँ...तीन कनस्तर घी...दो बोरी शक्कर...मेवा...मिष्ठान्न...लाही... खील...नारियल...। साहूकार...महाजन...व्यापारी...जमींदार...पंच... प्रधान...खुले हाथों दान कर रहे थे। तीन कनस्तर घी का जिम्मा शाकिर अली ने लिया था। हिंदू आत्माएँ गद्गद थीं। नेताओं की छातियाँ तनी हुई थीं। यही एकता और भाईचारा है।...इसी धार्मिक मेलभाव की शिक्षा गाँधी जी और पंडित जी दे गये थे। शाकिर अली ने सच्चा आदर्श पेश किया है। ...शिवदयाल मामा की अमराई में ...कुएँ से हटकर शामियाना लग गया...मंडप बन गया। यज्ञ की वेदी ...पीठासन...ब्राह्मणों के बैठने का स्थान...आमंत्रितों के लिए विशेष स्थान...देखते-देखते सारा प्रबंध हो गया। देवमणि...रामप्रसाद काका

...कुछ और लोग लखनऊ जायेंगे। प्रदेशाध्यक्ष...एम.एल.ए....एम.पी. ...कोई न कोई जरूर आयेगा...शुभ मुहूर्त पर नारियल फोड़ेगा। ...अकाल-पीड़ित इलाका है। मुख्यमंत्री नहीं तो किसी और मंत्री को भी आना ही पड़ेगा। देवमणि पूरी कोशिश कर रहे हैं। शाकिर अली भी लगे हुए हैं। हिरोइन की तस्करीवाला मामला कब का खतम हो गया ! पंद्रह हजार मुस्लिम वोट कोई मामूली बात नहीं है। ...बाकी लोग कहाँ गये...मालूम नहीं। सिंचाईवाले खेतों में हल चलाने के लिए मजूर नहीं मिलते। बीस रुपये रोज नहीं...पचीस रुपये रोज भी नहीं। सब भाग गये गाँव छोड़-छोड़ कर। पीछे छूट गया सबकुछ। धूल में लोटता हुआ गाँव ...झुलसे हुए लोग...पेड़...पौधे...वीरान बेजान घर ...गलियारे...झोपड़े...तपती हुई धूल...दरकती हुई जमीन ! रास्ता देख-देखकर लोग थक गये। कोई नहीं आया। बहुत देर हो गयी।

...गाड़ियाँ आ गयीं। बोरियाँ उलट-उलट कर लौट गयीं।...साँझ हुई...भोर हुई। बच्चे-बूढ़े अमराई के चक्कर लगाने लगे। रामनिहोरी खुद सब साज-सँभाल कर रहे थे। कहीं कोई त्रुटि न रह जाये ! सामान देख-देखकर आँखें जुड़ा जातीं। ...आसपास गाँवों के पंडितों को बुलौवा भेज दिया गया...या उन्हें खुद ही खबर लग गयी।...मगर बप्पा की बात सुनकर मेरा मन दहल गया। यह सच है। यह सब होता ही रहता है। आसपास गाँवों से खबरें आती रहती हैं।...किसी की बहुरिया कुएँ में कूद जाती है...आग लगा के मर जाती है...तलैया में मरी मिलती है...फाँसी लगाकर लटक जाती है। खुद मरती है...या कि मार दी जाती है ...क्या मालूम !...पारसाल दुबे की औरत ! धुआँ ही धुआँ फैल गया था। किवाड़ तोड़े गये...तो जली पड़ी थी। जान बाकी थी। बार-बार एक ही रट ...आईं...आईं...! किसी ने कहा...पानी...पानी माँग रही है...बोल नहीं पा रही है। ...फिर बिना पानी के ही चली गयी...!

...हमारे घर के भीतर भुसौरा के पास की खँवों का मुँह तोप दिया गया था। फिर नहीं खोदा गया।...क्या करूँ ?...अँधेरे खाली कोठार में पहुँच जाऊँ ? खँवों के बंद मुहानों को खोलकर ठठरियाँ बाहर

खींच लूँ ? दुआरे सबके सामने डाल दूँ ?...डर और गुस्सा...दोनों एक साथ। तुरंत भीतर पहुँच गया। कहाँ हैं भाभी ? ...अचानक पीछे हट गया।...कोठार के पास के कोने में भाभी खड़ी हैं...मुँह खोले। धोती का पल्ला...इधर से उधर हो गया है। चेहरा तमतमा रहा है ...गुस्से से !...सामने खड़े हैं...रामप्रसाद काका। जैसे कुछ समझाने की कोशिश कर रहे हैं...! जैसे भाभी के साथ...उनका रिश्ता ही कुछ और है...।

...आग सी भभक उठी।...तुरंत लौट पड़ा। आकर आँगन में खड़ा हो गया। फिर बरोठे में आया। फिर आँगन में लौट गया। फिर बाहर निकल आया। समझ में नहीं आया कि क्या करूँ...किधर जाऊँ ...किसके पास पहुँचूँ !...फिर इधर-उधर...जहाँ जगह मिली...भटकता रहा। किसी से बोलने-बात करने का जी नहीं हुआ। कभी-कभी लगता ...कि क्या कर डालूँ...किसको चीर डालूँ...किसको मार डालूँ! फिर अचानक ही डर लगता...घबराहट होती...घुटन-सी लगने लगती।... जग्गादास के शिवाले की मुँडेर पर पीपल की घनी छाँव फैली रहती है। ...फिर वही बिछौना...अँगौछे का...फिर वही तकिया...मुड़े हुए हाथों का। ...कई घंटे बीत गये। न आँख लगी...न चैन पड़ा...!

...मगर रात होते ही बहुत डर लगा। वह चेहरा डरावना लगा। घनी मूँछें ...हट्टा-कट्टा शरीर...झपट पड़ेगा भाभी पर...खतम कर देगा। भाभी जिंदा रहें...इसमें किसी का कल्याण नहीं है।...क्यों भूल नहीं पाता ? पहले से ही मालूम था...फिर ?

...जब अँधेरा घिर आया...मैं भीतर चला गया।...वही नर्दवा ! बटलोइयों की घनी कालिख पर धीरे-धीरे चलनेवाले हाथ...कमजोर ...सूखे। नसें उभरी हुईं। ...एक पल को रुक गये। फिर चलने लगे। मैंने कहा, "...भाभी !"

हाथ थम गये...मगर मेरी तरफ देखा नहीं। मैंने कहा, "अब भी समय है।...सोच-विचार कर कुछ फैसला कर लो...!"

एक बार मेरी तरफ देखकर मुँह फिरा लिया।

मैंने कहा, "क्या कह रहे हैं...सुना नहीं क्या ?"

कड़ी आवाज में बोलीं, "...का फैसला कर लें...?"

मैंने कहा, "...उठकर खड़ी हो जाओ। कह दो सबके सामने ...कि जो भला आदमी बनकर न्याय करनेवालों में बैठा है...उसी का पाप है वह ! जिसको करना है न्याय...आगे आये...करे न्याय...!"

देखकर लगा कि भाभी का सारा शरीर कठोर पड़ गया है। फिर धीरे-धीरे हलचल हुइ...पानी डालकर हाथ धोये...मेरी तरफ कड़ी निगाह से देखा...तेजी से अपनी कोठरिया में चली गयीं।

मैं उसी तरह देखता रहा...मुँह बाये। इस बार भी वही। मेरी बात को ठोकर मार कर भाभी भीतर चली गयीं। मैं चुपचाप खड़ा रहा ...फिर बेचैन होकर आँगन में टहलने लगा...टहलता रहा...!

...अचानक रुक गया। कोई खयाल आ गया। सारा शरीर झनझना उठा। एक उबाल...उफान। बाढ़ सी आ गयी।...क्या पागल हो गया हूँ ?...मैं फिर टहलने लगा। लगा कि जैसे मन पर एक धुँध-सी छा रही है। ...रुक कर सोचने लगा। ...फिर धीरे-धीरे भाभी की कोठरी में पहुँच गया। ...किवाड़ों के पास ही खड़ा हो गया।...मैली दरी पर मुँह घुमाये पड़ी थीं। ...इस रूप में भी सुंदर लग रही थीं। हिम्मत करके मैंने कहा, "भाभी...हमको डर लगता है...तुम्हारे लिए...!"

घूमकर मेरी तरफ देखने लगीं। मैंने कहा, "एक मिनट...हमारी बात सुन लो। इसी बात में से कोई राह निकलेगी।"

मेरी तरफ देखती रहीं। आले पर दीया जलता रहा। ...मैं बोल नहीं पा रहा था। फिर भी बोला, "भाभी...हम जो कह रहे हैं...उस पर भरोसा करना ...झूठ मत समझना।...हम बिलकुल सच कह रहे हैं...और कभी पीछे नहीं हटेंगे...!"

अब भी उसी तरह देखती रहीं। ...मैंने कहा, "हम कह रहे हैं...कि यह सब...हमारा ही किया हुआ है।...हम ही तुम्हारे पास आते रहे हैं...बैठते रहे हैं।...हम ही ने जो कुछ किया...वह अब...तुम्हारी कोख में है।...पाप...अपराध...जो कुछ है...हमारा ही...!"

मगर मैं हैरान रह गया। भाभी उठकर खड़ी हो गयीं। लगा कि चेहरा तमतमा गया है। बोलीं, "तुम समझते का हो हमको ?...हम

अब इतने फालतू हो गये हैं कि...कोई भी नाम ले दें...कुछ भी कह दें।...तुम्हारा मन ठीक नहीं है भैया...समझ गये...!''

मैं कुछ तिलमिला गया। बोला, ''फालतू तुम नहीं हो...सभी लोग जान गये हैं। फालतू हम हैं...जो कुआँ और खँव से तुमको बचाना चाहते हैं...!''

कड़कती हुई बोलीं, ''...तुम बचा नहीं सकते हमको।...यह घमंड करना भी ठीक नहीं। ...हमको कोई बचा सकता है...तो हम खुद ही बचा सकते हैं...और...बचा सकता है हमारा भगवान...!''

चली गयीं...तो मैं उसी तरह खड़ा रहा। लगा...यह सब झूठ है।...प्रेम...दुख...माया...मोह...सब बहाना है। सच यही है...कि इनको मर जाना है। इन्होंने जान लिया है...मान भी लिया है।...मैं मूर्ख हूँ। मेरी बात में बचपना है। कुछ नहीं कर सकता। कोई राह नहीं है। दीवार ही दीवार है...दरवाजा नहीं है।...

...रात होती है...मगर सोने के लिए नहीं...सोचते-सोचते थक जाने के लिए।...भाभी समझदार हैं। बप्पा और भी समझदार हैं। ...राह वही है जो बप्पा ने बतायी है।...यहाँ से कुछ दूर...जंगल है। वहीं ले जाओ और छोड़ आओ। वहाँ बच भी सकती है...यहाँ कभी बच नहीं सकती।...आकाश खाली है...मगर चाँदनी फैली है। असाढ़ की पूनो कहीं आसपास है। एकादशी आयी थी और चली गयी। किसी ने कुछ नहीं किया...मुँह लटकाये बैठे रहे। ...पेड़ों की छाया डरावनी लगती है।...कहाँ है रामदीन ? उससे पूछना चाहता हूँ...कहाँ क्या हो रहा है। लोग क्या मंसूबा बना रहे हैं ? भाभी को कहाँ ले जायेंगे ? कौन गड्ढे में गाड़ेंगे ?...चारों तरफ खटिया ही खटिया फैली थीं। ...हलकी आवाज लगायी, ''रामदीन !...रामदीन हो...!''

कोई जवाब नहीं आया। लगा कि लोग गहरी नींद में हैं।... कौन खटिया पर रामदीन है...समझ में नहीं आ रहा था। वही बता सकता है कि भाभी के लिए क्या फैसला किया गया है।...मैं उठकर बैठ गया।...चाँदनी में देखकर पहचाना जा सकता था कि रामदीन कहाँ है। ...मैंने उठकर देखना शुरू कर दिया। एक पर एक खटिया

गुजरती चली गयी।...

...मगर इसी समय...नदी की तरफ से कोई आवाज आयी। मैं रुक गया ...फिर लगा कि नहीं...कहीं कुछ नहीं। ऐसे ही भ्रम हो गया।...,मैं अगली खटिया की तरफ बढ़ा...तो अचानक फिर कोई चीखा...साथ ही बहुत से कुत्तों ने भौंकना शुरू कर दिया...कुछ लोग नींद में कुनमुनाने लगे।...अब आवाज बिलकुल साफ थी। कोई चिल्ला रहा था, "...जगेसर...धुन्नू...बाँकेलाल...छेदी...दौड़ो।...जल्दी आओ ...अरे महतरिया...!"

कुत्ते भौंकते रहे। कुछ समझ में नहीं आया। सब चेत गये थे। लाठी ले-लेके दौड़े। ...रामदीन को देखा...तो मैंने हाँक लगायी, "...रामदीन ! रुको ! हम भी आते हैं...!"

लाठी ले-ले सूखी जैती की तरफ दौड़े। चाँदनी में देखा कि गाँव का गाँव उमड़ पड़ा। मढ़ी की मेड़ लाँघी तो मालूम हो गया कि हल्ला यज्ञ-मंडप में हो रहा है।...देखते-देखते अर्जुन दादा के दोनों खेत पार कर लिये। वहीं से ललकार कर किसी ने हाँक लगायी, "...हम आ गये पांडे। डरेव ना !...जाने न पावे !...पकल्लेव सारे का...!"

मगर इसी समय फायर हुआ। जो जहाँ था...वहीं खड़ा रह गया। चिचियाती चिड़ियाँ बिरवा छोड़-छोड़ भागीं। कुँकुआकर कुत्ते इधर-उधर हो गये। मंडप की तरफ से गरज कर कोई बोला, "खबरदार जो आगे बढ़े तो...! जौन जगह ठाढ़े हो...ठाढ़े रहना...नहीं तो एक एक को भून देंगे...!"

सकता-सा फैल गया। समझ में आ गया कि फायर हवा में किया गया था। रामदीन के पास खिसक कर मैं फुसफुसाया, "...देख रहे हो...वहाँ...मंडप के उस तरफ...?"

पीली चाँदनी में हल्की-हल्की छायाएँ दिख रही थीं...सूखी नदी पार कर झुरमुट के अँधेरों में बिला जाती थीं।

फुसफुसाकर रामदीन बोला, "हाँ यार !...साले बोरियाँ कनस्तर ढो-ढो ले जा रहे हैं...!"

और लोगों ने भी देख लिया। थोड़ी सरसराहट होने लगी। कुछ

लोग उल्टे पाँव गाँव की तरफ लौटने लगे।...सब साफ हो गया। बाहर से कोई टोली आयी है। बंदूक दिखाकर यज्ञ-मंडप का अनाज, घी वगैरह ढोये लिये जा रही है।...आठ-दस लठैत उत्तर की तरफ बढ़ने लगे। रामदीन बोला, "गाँव के आदमी हैं। ...चलो...हम हूँ चलें। आगे से नदी पार करेंगे...सालों को पीछे से धर दबोचेंगे।"

मैंने फुसफुसाहट छोड़ दी। जरा जोर से बोला, "काहे के वास्ते ? रामनिहोरी का कल्याण करने के वास्ते ?...मनों अनाज पंडा-पुरोहितों के पेट में झोंकने के वास्ते...?"

चाँदनी बहुत साफ नहीं थी...कि रामदीन का मुँह दिखाई दे जाता। मेरी बात सुनकर ताज्जुब में जरूर आ गया। बोला, "का चाहते हो ?...लुट जाये सब अनाज पानी...?"

कहाँ से क्या आ गया मेरे मन में...मालूम नहीं ! बोला, "अनाज जिसका है...वह करे फिकर ! हम काहे करें !...दबा के रखा था सब ! लोग-बाग बंदूक न उठावैं तो का करैं ! मर जायें भूखों...!"

रामदीन कुछ नहीं बोला। लगा कि कुछ समझ नहीं आया। तभी गाँव की तरफ से बंदूक का फायर हुआ और चार-पाँच लोग गाँव से निकले...मंडप की तरफ बढ़ने लगे।

रामदीन बोला, "देखा...बंदूक का जवाब बंदूक...!"

इधर के लोग हट कर दूर हो गये। बंदूकवाले लगातार फायर करते रहे ...मंडप की तरफ बढ़ते रहे। उधर से कोई जवाब नहीं आया।

रामदीन बोला, "लगता है...भाग गये सारे...!"

मुझे लगा कि नहीं...यह नहीं हो सकता...!

मगर फायर करते गाँववाले मंडप के पास पहुँच गये। फिर भी कोई जवाब नहीं।

नदी के पार बोरियाँ ले जानेवाली छायाएँ भी गायब हो गयीं। हिम्मत बढ़ गयी। और आगे बढ़ गये।...मगर इसी समय नदी पार से कहीं फायर हुआ...इधर कोई चीखा। फिर दूसरा फायर हुआ। फिर भगदड़ हुई। फिर गोली चली...फिर गोली चली।...समझ में नहीं आ

रहा था कि कौन कहाँ है...कौन चीखा है। खाली कौए काँव-काँव कर रहे थे और आसमान के चक्कर लगा रहे थे। गौरैयाँ और गलगलियाँ और न जाने कौन-कौन सी चिड़ियाँ चिंचियाकर यहाँ से वहाँ भाग रही थीं।

रामदीन बोला, ''चुप्पे खिसक चलो...नहीं तो गवाही साखी के चक्कर में फँसना पड़ेगा...!''

चाँदनी के हलके उजाले में हम दोनों जल्दी-जल्दी चलने लगे। ...जानबूझकर चक्कर का रास्ता पकड़ा। दिन के तपे खेतों के सूखे ढेले पाँवों में गड़ रहे थे...मगर हमारी चाल में कोई फरक नहीं पड़ा। कोई गिरा या मरा...हमें मालूम नहीं। पुलिस के पहुँचने में कई घंटे लगेंगे। तब कौन आयेगा यहाँ ? किसकी हिम्मत पड़ेगी ?...हवा और भी गरम लग रही थी। दूर कुत्ते बराबर भौंके जा रहे थे।...दाहिनी तरफ पेड़ों झाड़ियों के झुरमुट से बदबू उठ रही थी। दिशा मैदान के लिए लोग यहीं आते थे।...पीपल बरगद के लंबे-चौड़े पेड़ भयावने लग रहे थे। पोपले पीपल पर प्रेत का वास था। रामदीन बोला, ''यह राह छोड़ो। उधर की तरफ से चलेंगे...!''

वैसे ही सब कुछ भयानक लग रहा था। दूसरी तरफ की बाट पर चलने लगे, तो मैंने कहा, ''रामदीन...!''

बिना चाल बदले बोला, ''...हाँ !''

मैंने कहा, ''...का सोच रहे हो ?...डर लग रहा है ?''

बोला, ''डर वाली बात ही है।...डर ही डर के तो सारी उमिर बीती है। ...डर ही न होता तो हमारा यह हाल काहे होता !...हमहूँ बंदूक उठाते और सारा माल ढो ले जाते...!''

...रामदीन...काका का मजूर...भोर से रात तक खटनेवाला ! सानी पानी...कटिया चारा...जोताई...बोआई...कटाई...सभी काम करनेवाला...दोनों जून मोटे टिक्कड़ और चटनी !...होली-दीवाली पर जोड़ा-भर धोती कुरता...चार पाँच सौ नकद...। आज रामदीन को भी अपना जीवन फालतू लगने लगा है। ...हम लोग चलते रहे। मढ़ी गयी ...खेत गये...कच्चे घरों की मुँडेरें पास आने लगीं। मैंने कहा,

"...रामदीन...एक बात बतइहौ...?"

बोला, "पूछो...!"

मैंने कहा, "हमारी भौजी का हाल तो तुमको मालूम है। सभी कुछ जानते हो !...का बिचारा है काका ने अब...?"

चुप रहा।

मैंने कहा, "मालूम नहीं है तुमको...?"

बोला, "मालूम तो है...झूठ काहे कहें।"

मैंने कहा, "फिर...?"

बोला, "...दुई चार दिन मा बड़े अस्पताल ले जायेंगे...सबकुछ ठीक करा के लौटा लायेंगे...देवमनी भी जायेंगे।...और भी दुई मनई रहेंगे...!"

मैं सोच में पड़ गया। बोला, "इतने सारे आदमी ! ये सब काहे जायेंगे ?"

चुप रहा। फिर बोला, "...अब हम का बतावैं काहे जायेंगे ! ...यह भी नहीं जानते कि रात-बिरात काहे जायेंगे...रात के दुई तीन बजे गंगा का पुल काहे पार करेंगे...! यह सब तो बिचार करने की बात है...!"

मैं सोचने लगा...तो मेरे रोंगटे खड़े हो गये। लगा कि हवा बहुत गरम है...या मेरे पाँव ठीक नहीं पड़ रहे हैं।...या...किसी के हाथ-पाँव पकड़कर...मुँह बाँधकर...अँधेरे में उछाल दिया गया है...नीचे बहती धारा लीलने को तैयार है...! बाकी काम चील्ह-कौए कर देंगे।... घबराकर मैंने कहा, "रामदीन...यह का हो रहा है...जानते हो...?"

वैसी ही आवाज में बोला, "जानते हैं ! जानते काहे नहीं है। ...उनकी भी मजबूरी समझो। बहुरिया बना के लाये थे...मेहरिया बना के तो रखेंगे नहीं। यही मारे लौटा के नहीं लायेंगे...!"

...लौटते ही खटिया पर गिर पड़ा।...फिर जागते-जागते ही भोर हो गयी।

आठ

घाम खूब छिटका...मगर पुलिस नहीं आयी। खबर आयी कि कई जगह गोदाम लूटे जा रहे हैं। जहाँ शादी-ब्याह हो रहे हैं...वहाँ भी लूटपाट हो रही है। पुलिस कहाँ-कहाँ जाये। थानेदार और सिपाही सो भी नहीं पाते हैं। लखनऊ से कुमक आ रही है—हथियारबंद पुलिस। सब जगह शांति हो जायेगी। कानून और न्याय का राज एक बार फिर हो जायेगा। जहाँ-जहाँ थाना पुलिस पहुँच रहा है...सब ठीक हो रहा है। दिग्विजय सिंह जैसा थानेदार ढूँढे नहीं मिलेगा। ऐसा मारते हैं कि आदमी पानी नहीं माँगता। नाम सुनकर ही लोगों का सबकुछ निकल जाता है।

...बप्पा फिर खड़े हो गये हैं। फिर बोल रहे हैं, "सुन रहे हो नन्हे...कि नहीं ?"

सिर झुका कर खड़ा हो गया। बता दिया कि सुन रहा हूँ।

बोले, "...हमने...हमने अन्न-जल त्याग दिया है।...जब तक यह पाप घर में पलेगा...हम अन्न-जल ग्रहण नहीं करेंगे...ऐसे ही मर जायेंगे...तब सुध आयेगी तुमको।...तब तक नहीं आयेगी...हम समझ गये हैं।"

लाठी टेकते लौट गये। मैं देखता रह गया।...सब बातें साफ हैं। कुछ भी छिपा नहीं है। बप्पा जो चाहते हैं...वही ठीक है।...काका और तमाम लोग ले जायें...इससे पहले हमीं ले जायें...यही ठीक है। ...कौन सा माया-मोह है जिसमें हम पड़े हैं ? भाभी से प्रेम ? रूप का जादू ?...हँसने की बात है।...धरती जल रही है। हम कौन सा राग आलाप रहे हैं। प्रेम...कहाँ बिला जायेगा ...मालूम नहीं पड़ेगा। कहाँ का रूप ! कहाँ का प्रेम ! गंगा के पानी में डूब जायेगा !... नहीं तो चील्ह-कौए नोचकर खा जाएँगे।...उस औरत से प्रेम माँग रहे हैं...जिसके पास नफरत छोड़ के और कुछ नहीं है। जो भीतर है ...वही देगी ! और कुछ नहीं दे सकती। उसकी नफरत ही सच है। मेरा प्रेम झूठ है...और कुछ नहीं...!

...बड़ी देर बाद मैं उठा...बरोठे में बप्पा के पास पहुँच गया। बोला, "...बप्पा !"

मुँह उठाकर मेरी तरफ ताकने लगे। मैं भी उनकी तरफ देखता रहा...पहली बार। न डरा...न सकुचाया। बोला, "हम तैयार हैं।... अन्न-जल त्यागने की कौनो जरूरत नहीं है। ...भाभी को राजी कर लेंगे...कल तड़के ही ठंडे-ठंडे निकल जायेंगे। जहाँ छोड़ना है...छोड़ देंगे। उधर ही से...हम भी निकल जायेंगे...बंबई-फंबई...जहाँ भी जाना है...!"

बप्पा मेरे मुँह की तरफ बराबर ताकते रहे। आँखों में दुख ...तकलीफ ...पीड़ा...यातना...पता नहीं क्या-क्या था !...मैं खड़ा नहीं रहा...धीरे-धीरे लौट आया।...

हलचल जारी रही। रामनिहोरी छाती पीट रहे थे। यज्ञ-मंडप का ध्वंस हो गया। मनों घी शक्कर चावल सब उठ गया। चारों आदमियों को बिरवा से बाँध कर मारा गया। दो आदमियों को गोली लगी थी ...रामनिहाल सिंह का लड़का धुन्नू और शिवरतन भाट का भाई रामेश्वर ! लोग उठाकर सुभानपुर अस्पताल ले गये हैं। पुलिस अब तक नहीं पहुँची है। रामेश्वर की हालत ज्यादा खराब बताते हैं। ऑपरेशन होगा।...मगर कोई काम रुकेगा नहीं। और अनाज आयेगा ...और घी आयेगा...और शक्कर आयेगी। जो सबको देता है...उसके भंडार में कोई कमी नहीं है। यह उसी का काम है...रुक नहीं सकता। जिन्होंने पहले भेजा था...वही फिर भेज रहे हैं। कल से यज्ञ की विधि शुरू हो जायेगी। अब पुलिस के पहरे में सारा कार्य होगा।...रामनिहोरी घाव दिखा रहे हैं। यहाँ...यहाँ...यहाँ मारा है दुष्टों ने। बच नहीं सकते। रामनिहोरी का शाप खाली नहीं जा सकता। अब तो परमेश्वर से यही प्रार्थना है कि कलजुग का अंत हो जाये। पाप इतना बढ़ा है कि सीमा नहीं। फिर अवतार लेने में बिलंब काहे है प्रभु ?...अम्माँ गरिया रही हैं। किसको गरिया रही हैं...कुछ नहीं कहतीं। किसी का नाम नहीं लेतीं। दुनिया में जो सारा पाप बढ़ गया है...उसी के कारण बढ़ गया है। कौन है...किसकी तरफ मुँह कर-करके सब कहा जा रहा है...

समझने की बात है।...काका चुप हैं।...भीतर ही भीतर कुछ विचार कर रहे हैं...

मैं उठकर रामदीन के पास चला आया। बोला, ''रामदीन हो ...हमारा एक काम करो। तनिक हमारी भौजी के पास चले जाओ...!''

मुँह बाकर ताकने लगा...तो मैंने कहा...''कहना कि तुम्हारी तबीयत ठीक नहीं है...बप्पा इलाज के लिए अस्पताल भेजना चाहते हैं...हमारे साथ जाने को कहते हैं।...तो जो ठीक समझें...तो हमारे साथ चलें।...तनिक समझा के कहना...तो मान जायेंगी...!''

...दोपहर आग बरसाती रही। लोग साँझ की राह देखते रहे। अब कुछ नहीं रहा जो करें। हाथ पर हाथ धरे बैठे हैं...आसमान की तरफ ताकते हैं। कल असाढ़ की पूनो होगी। दो साल पहले अच्छा पानी बरसा था। तब से ऐसे ही चल रहा है। दो साल हो गये... बेढ़ई नहीं बनी। बेढ़ई और आलू-घुइयाँ की तरकारी।...असाढ़ खत्म हो जाएगा। आसमान साफ है। पुराने दिन खतम हो रहे हैं...नये शुरू हो रहे हैं। हर बात साफ है। हर सवाल का जवाब मिल गया है। कुछ बाकी नहीं रहा।

...दोपहर ढल गयी...तो कुछ हल्ला होने लगा।...कोठरी में अँधेरा था...ठंडक की जगह गरमी लेने लगी थी। ऊँची आवाज में मैंने पूछा, ''...का हो गया ?...काहे का हल्ला है ?''

कोई जवाब नहीं आया। किससे पूछा था...मालूम नहीं। मैं शायद अब भी नींद में था। नर्दवा पर मुँह धोकर बाहर आया...तो पुलिस आ गयी थी। थानेदार ने सूघर सिंह की चौपाल में अड्डा जमा लिया था। चारों तरफ हलचल थी। दुआरे पर कुछ लोग जमा थे।...वहीं से आ-जा रहे थे। सब डरे घबराये घिघियाये हुए थे। मैंने जगेसर से पूछा, ''ये लोग इतना घबरा काहे रहे हैं...!''

हाय खाकर बोला, ''...का कहते हो ! पुलिस का मामिला है ...घबरायेंगे नहीं !...का मालूम केहिका पकड़ लें...बंद कर दें... मारपीट दें। अरे पुलिस है ...कौनो मजाक नहीं है...!''

सही बात थी। सारे गाँव की पेशी हो रही थी।...क्या सुना ? ...क्या देखा ?...कितना बजा था ?...तुम क्या कर रहे थे ?...आवाज सुन के तुमने क्या किया ?...ऐसा क्यों किया ?...वैसा क्यों नहीं किया ?...नदी की तरफ क्यों दौड़े ?...पुलिस को खबर करने क्यों नहीं दौड़े ?...कितनी देर रहे ? किस-किस को पहचाना ?...थानेदार सवाल-जवाब करता...तो अच्छे-अच्छों की घिग्घी बँध जाती। ...हजूर ...सरकार...साहेब।...चिरौरी करते-करते...कमर झुकाते-झुकाते...सब बेहाल हो रहे थे। देह पसीने-पसीने हो रही थी। जीभ तालू से चिपक रही थी। सारे देवी-देवता बार-बार रक्षा कर रहे थे...फिर भी डर नहीं जा रहा था।...लोगों ने थानेदार की आवभगत में कोई कोर-कसर उठा नहीं रखी थी। सूघर सिंह...देवमणि...रामप्रसाद काका...रामनिहोरी ...तमाम बनिये महाजन...उनके साथ-साथ या आगे-पीछे रहते थे। ...सुना थानेदार खुशबूदार जर्दावाला पान खूब खाते हैं। हर आदमी को मुजरिम मान कर चलते हैं।

...जब सूरज ढला...तो सारे मुजरिम पकड़ लिये गये। रोने-कलपने की आवाजें आने लगी थीं। किसने किसको पकड़ा...कौन किसको मार रहा है...कुछ समझ में नहीं आ रहा था। कौन किसको गाली दे रहा है...कौन दहाड़ रहा है...कुछ पता नहीं चला। सूघर सिंह की चौपाल में जाने की हिम्मत भी नहीं थी। कब किसको धर लिया जाये...क्या मालूम।...मगर जगेसर भागता हुआ आया और बोला, "चमरौटा के चमारन का धर लीन हैं।...कहत हैं कि येई लोग रात का लूटपाट कीन रहे...!"

रामदीन के मुँह से निकला, "...हत्तेरे की...!"

सभी लोगों ने बुरा मुँह बनाया।

मगर बात सीधी-सादी नहीं थी। न तो दिग्विजय सिंह ने भूल में ऐसा किया था...न ही पागल थे। सभी जानते थे कि चमरौटा की जमीन पर कइयों की निगाह लगी है। कई बार हुआ था कि चमार साले यहाँ गाँव में क्या कर रहे हैं...शहर जा के कमाई-धमाई क्यों नहीं करते ?...आग लगा दो सालों की मड़ैया में...अपने आप भागेंगे।

बहुत चढ़ रहे हैं साले ! हमारे मूड़ पर बैठेंगे ! ...आग के लिए यही सबसे अच्छा मौसम था। कई गाँवों में लग चुकी थी। फूस के झोपड़े ...चिलचिलाती धूप...न थमनेवाली लू। दूर-दूर पानी का ठिकाना नहीं !...

...रामदीन बहुत समझदार है। भाभी से बड़ी देर बतियाता रहा। किसी का कोई भरोसा नहीं। इलाज के बहाने ले जरूर जायेंगे...मगर कौन कहाँ ले जायेगा...क्या मालूम ! अच्छा यही है कि नन्हें के साथ चली जायें। भरोसे का काम करना चाहिए। बे-भरोसे की बात में जोखिम होता है। लौटकर मुझसे बोला, "तुम्हारी भौजी तैयार हैं !"

मुझे भरोसा नहीं हुआ। बोला, "काहे के लिए तैयार हैं ?"

कहने लगा, "...जहाँ तुम ले जाओ...चली जायेंगी...!"

मुझे अब भी भरोसा नहीं हुआ। बोला, "...हम तो तड़के ही निकलने की तैयारी किये हुए हैं...!"

कहने लगा, "यहै ठीक भी है। टैम बहुत खराब है। रात-बिरात उई लोग लै जायें...यहि से पहले तुम ही निकर जाओ...! हम समझा दिया है उनका...!"

पता चला कि थानेदार देवमणि के खास आदमी हैं। देवमणि ने ही उनका यहाँ तबादला कराया था। उठना-बैठना, पीना-खाना ...सब साथ होता था।...रामदीन बहुत डरता है।...उसका डर हमेशा सही होता है।...थानेदार के साथ जरूर कोई साँठ-गाँठ हो जायेगी। जैसे ही पुलिस जायेगी...यहाँ कुछ न कुछ जरूर होगा। महीनों कोई खबर भी नहीं लेगा कि कहाँ क्या हुआ।

...जब काफी रात हो गयी।...मैं आसमान के तारों को ताकने लगा। बप्पा अब भी जाग रहे थे। अन्न-जल त्यागे पूरा दिन हो गया। अम्माँ भी ऐसा ही करेंगी। बप्पा के पास बैठी खौखिया रही हैं। ...रूप रोये...भाग खाये...! गाँव की मेहरिया ताना मारती हैं ।... बहुत नाकवाली बनती हैं पंडिताइन।...अब का करिहैं ! बहुरिया की पहिलौंठी पर सोंठौरा न बनैहैं...! अम्माँ फिर गरिया रही हैं।...मुँह घर के भीतर की तरफ घुमाती हैं...या फिर आसमान की तरफ।

...आज की रात नींद नहीं आयेगी। सूघर सिंह की चौपाल में पुलिसवालों की पार्टी हो रही है। चौपाल में सिपाही लोग पी-खा रहे हैं। थानेदार साहब और खास आदमियों का इंतजाम भीतर किया गया है। शाकिर अली भी आये हैं। ताजा बकरा कटवाया गया है। चमार कहाँ गये...मालूम नहीं।...कुछ को बंद कर दिया है और बाकी को छोड़ दिया है !...ठीक-ठाक खबर नहीं मिलती...! तारे इतने हैं कि बार-बार गिनती भूल जाता हूँ। गिनते-गिनते लगता है कि इसको नहीं गिना। यह भी तारा ही है...बहुत छोटा...बहुत फीकी रोशनीवाला। चाँदनी में दिखा नहीं था...इसी से छूट गया...।

...जब धीरे-धीरे सन्नाटा होने लगा...मैं भीतर गया। किवाड़ खुले थे...भाभी नहाँ पर पड़ी थीं। जानबूझकर आहट की ...तो उठकर बैठ गयीं।...बोलीं कुछ नहीं। मैं भी उसी तरह खड़ा रहा। आज कोई लालटेन नहीं थी...अँधेरा ही अँधेरा था।...अच्छा था। न मैं उनका मुँह देख सकता था...न वे मेरा देख सकती थीं। ...बहुत देर बाद मैंने कहा, "...भाभी !"

हलकी सी 'हूँ' की आवाज आयी।...फिर चुप्पी फैल गयी। फिर काफी समय बीत गया।...वे बैठी रहीं...मैं खड़ा रहा।...फिर मैंने कहा, "...चार बजने में...तीन साढ़े तीन घंटे की देर होगी।...हम यहीं आयेंगे...तैयार मिलना...!"

पल भर उसी तरह खड़ा रहा।...फिर अपनी कोठरी में जाकर अपने कपड़े-लत्ते निकालने लगा।...

नौ

उस समय किसी मुरगे ने बाँग नहीं दी। हवा में थोड़ी ठंडक हो गयी थी। सात तारे दूसरे छोर पर पहुँच गये थे। हलकी-सी झपकी लगी थी। मगर मैं उठ गया। पल भर आसमान की तरफ देखता रहा। चाँदनी बहुत थी...दिशा-मैदान के लिए निकल गया। फिर सोचा कि

लोग जाग जायेंगे। तभी लगा कि कुइयाँ की जगत पर कोई बैठा है। मैं कुछ दुविधा में पड़ गया। आगे बढ़ा तो बैठनेवाला खड़ा हो गया। ...मैंने कहा, ''कौन ?...रामदीन...?''

रामदीन ही था। मैंने कहा, ''...रामदीन..?''

बोला, ''नींद नहीं आयी।...सोचा कि तुम लोगन का गाँव के बाहेर तक छोड़ि आयें...फिर थोड़ा–बहुत सो लेंगे...!''

हम दोनों घर के दरवाजे तक चले आये। मैंने कहा, ''समय तो हो गया है। देर करना ठीक नहीं। हम अपना झोला-ओला ले आते हैं।...देखो भाभी तैयार हैं कि नहीं...!''

...झोले में कुछ कपड़े...कुछ नोट...दो एक पते। ...खटिया पर खटिया फैली थी। लोग बेसुध सो रहे थे। ...भाभी ने सफेद चद्दर ओढ़ रखी थी। छोटा-सा बक्सा था...रामदीन ने उठा रखा था।... पलभर सोचा कि देखें...बप्पा कहाँ सो रहे हैं...जगाकर पालागी कर लें। मगर फिर चल पड़ा।

...मुरगा अब भी नहीं बोला। कोई कुत्ता भी नहीं भौंका। रामदीन धीरे-धीरे बोल रहा था।...सूघर सिंह के यहाँ देर रात तक पीना खाना चलता रहा। थानेदार और सिपाही लोग तो चले गये... मगर काका देवमणि वगैरह वहीं सो गये।...हवा में ठंडक कुछ ज्यादा थी। पता नहीं क्या बात थी !...बोलने के लिए कुछ बचा नहीं था। चुप हो गये।...मगर हैंडपंप वाले मोड़ पर जैसे ही घूमे...रामदीन ठिठक कर खड़ा हो गया। मैं आगे आया...तो छवैयों के अँधेरे में कोई था। रामदीन बोला, ''को...को आय ?''

बप्पा थे...डंडा टेक-टेक कर चल रहे थे। हम लोग चुपचाप खड़े थे। बप्पा भी खड़े हो गये...बोले कुछ नहीं। फिर बोले, ''...जा रहे हो नन्हें ?''

आवाज बहुत कमजोर हो गयी थी। मैंने कहा, ''हाँ बप्पा... !''

फिर कोई आवाज नहीं आयी। फिर लगा कि एक ठंडी साँस ली गयी। अँधेरे में कुछ दिख नहीं रहा था। फिर आवाज सुनाई दी, ''...जाओ !...अच्छी तरह रहना !'' समझ में नहीं आया कि किससे

कहा जा रहा था...“जहाँ रहना ...सुखी रहना...! हम विवश हैं... असहाय हैं...। नहीं तो यह सब नहीं होता ...जो हुआ है।...देवी हैं ...माता हैं...हमारी भूल-चूक छमा कर देना !...और हम क्या करें...!”

बोलते-बोलते रुक गये...आगे बोल नहीं सके। ...देर तक हम उसी तरह खड़े रहे। फिर मैंने कहा, “बप्पा !...हम जायें...?”

टेंट से कुछ निकाला...मेरे हाथ में धर दिया। जैसे पुचकार कर बोले, “...हाँ बेटा...जाओ। ...जैसा कुछ हो खबर करना...!”

मैंने झुककर पाँव छुये। मगर भाभी...पत्थर की तरह खड़ी रहीं। घूँघट भी नहीं खींचा था। मैंने कहा, “चलो...!”

थोड़ी हरकत हुई। अपनी ही जगह से भाभी ने कहा, “बिबस ...लाचार तो हम हैं बप्पा। परमात्मा से यही कहेंगे...कि जो हमारा तनिकौ पाप न होय तो...हमारी हाय...हमारा सराप इन सबको खा जाये। कोई न बचे !”

उनकी आवाज़ काँप रही थी। मगर खड़ी नहीं रहीं। मुड़कर चल पड़ीं।

...जहाँ तक दिखता था...घूम-घूम कर देखता रहा। बप्पा वहीं खड़े थे...गये नहीं...!

...नागफनी की झाड़ियों और बबूल की बाड़ों के बीच की सँकरी पगडंडी पर...भाभी बार-बार पीछे छूट जातीं। हम दोनों बार-बार रुक जाते। मगर जब खुले खेतों में पहुँच गये...तब भी कोई फरक नहीं पड़ा। भाभी से चला नहीं जा रहा था।...दूर जैती का किनारा दिखायी दे रहा था। यज्ञ-मंडप में गैस जल रही थी...कोई जोर से श्लोक पढ़ रहा था। ब्राह्म मुहूर्त में कोई विधि सम्पन्न की जानेवाली थी। आज से अनुष्ठान शुरू हो जायेगा।...अचानक लगा कि...भाभी नहीं हैं। धूम कर देखा...पीछे छूट गयी हैं...मेड़ पर बैठकर ओकारी भर रही हैं। हम लोग देखते रहे। फिर मैंने कहा, “रामदीन ! तनिक दौड़ जाओ भैया ! थोड़ा-सा पानी ले आओ...!”

रामदीन दौड़ गया...तो मैं भाभी की पीठ पर हाथ फेरने लगा।

बिलकुल निढाल हो गयीं...तो चला कर सूखे बिरवा के पास लाया ...टेका देकर बैठा दिया। श्लोक जोर-जोर से पढ़े जा रहे थे। ...जब रामदीन लुटिया-भर पानी लेकर आया ...तो मैं सोच रहा था...कि क्या होगा...सुभानपुर तक की राह कैसे कट पायेगी...! दो-चार कुल्ले करके मुँह पर छींटे मारने के बाद भाभी बोलीं, ''चलो...हम चल लेंगे।... कुछ नहीं होगा हमको...!''

मगर असमंजस कम नहीं हुआ। मैंने पूछा, ''रात क्या खाया था...?''

सवाल बेकार था। ...भाभी उठीं...लड़खड़ाकर चलने लगीं। रात और पिछली रात...और उससे पिछली रात...रात और दिन...खाना दिया गया था ...या नहीं दिया गया था? हम लोग धीरे-धीरे चलने लगे।...खेतों को पार करने के बाद आसमान की तरफ देखा...तो देखता रह गया। दक्षिण दिशा से बादल घिरते चले आ रहे थे। लगता था...थोड़ी ही देर में चाँद चाँदनी आसमान सब ढँक देंगे। धीमी आवाज में बोला, ''रामदीन ...देख रहे हो ?...पानी बरसेगा...!''

बोला, ''हाँ, देख तो रहे हैं।...मगर अब का फायदा !...फसल तो गयी...!''

...मगर धर्म की विजय तो हो गयी। गाँव से पाप तो गया ...यज्ञ अनुष्ठान हुआ ...भगवान तुरंत प्रसन्न हो गये।...मन कड़वाहट से भर गया। ...भाभी चल नहीं पा रही थीं। राह में पानी बरसना शुरू हो गया...तो सुभानपुर तक पहुँचना दूभर हो जायेगा।...फिर भी हम लोग चलते रहे। जब जग्गादास शिवाले के बहुत आगे आ गये ...तो रुककर मैंने कहा, ''रामदीन ! बहुत दूर निकल आये हो ! लाओ ...बक्सा हमको दे दो और लौट जाओ...!''

मगर रामदीन ठेठ सुभानपुर तक पहुँचाना चाहता था। मैंने कहा, ''पागल हुए हो ! अभी काका उठेंगे...तो तुम्हारी बुलाहट होगी और पूछ-जाँच शुरू हो जायेगी।...नहीं भैया...तुम लौट जाओ...हमारी चिंता मत करो...।''

बात ठीक थी। रामदीन कुछ कह नहीं सका। मेरी तरफ देखता

रहा। भरोसा नहीं हो रहा था कि हम लोग चल पायेंगे। मगर मजबूरी थी। भाभी की तरफ देखने लगा। फि बोला, "...अच्छा भैया...हमारी सुध बिसारियो ना ! एकाध चिट्ठी हमहू का लिख देना। कोहू से बँचवा लेंगे और खुस हो लेंगे।...अच्छा भौजी ! कहा-सुना माफ करना। ...आगे का होगा...कउन जानता ह...?"

झुक कर पालागी किया। भाभी ने कहा कुछ नहीं...उसके मूड़ पर हाथ कर दिया।...फिर रामदीन लौट गया...अँधेरे में फिर दिखायी नहीं दिया...!

...मगर रास्ता लंबा होता जा रहा था...भाभी चल नहीं पा रही थीं। रात अब भी खतम नहीं हुई थी और बादल घिरते चले आ रहे थे। मैं रास्ते की तरफ नहीं...भाभी की तरफ देख रहा था। जब नदी का किनारा बहुत पीछे छूट गया और हम काफी घिसट चुके...तो मैंने कहा, "कहीं बैठ जायें थोड़ी देर ? सुस्ता लें...फिर चलेंगे...!"

बोलीं, "...नहीं !...बैठ जायेंगे...तो उठना दूभर हो जायेगा। राह कट जाये...तो फिर बैठ लेंगे !"

मगर चल नहीं पायीं। एक-डेढ़ फर्लांग चले होंगे...कि उनके पाँव लड़खड़ाने लगे और उबकाई आने लगी। बढ़कर थाम लिया...नहीं तो गिर जातीं। इधर-उधर देखा...तो कहीं कुछ नहीं था कि बैठ सकें। पीपल का एक बिरवा था। सहारा देकर वहीं ले गया। जड़ के पास कोई एक पत्थर था। सिंदूर और अक्षत लगा कर पूजा की गयी थी। हम लोग वहीं बैठ गये। बहुत देर बैठे रहे...तो मैंने कहा, "...तुमको मालूम है कि हम कहाँ जा रहे हैं ? ...समझतीं होगी कि तुमको अस्पताल ले जा रहे हैं...सबकुछ ठीक करा के लौटा लायेंगे...!"

कुछ देर बाद वह बोलीं, "...नहीं...यह तो हम नहीं सोचते। ...मगर तुम्हारे मन में का है ?...जो है, सो बता देव...!"

मैंने कहा, "हमारे मन की बात छोड़ो। जो सच्ची बात है... उसको समझ लेव। ...अब तुम हियाँ कबहूँ लौटोगी नाहीं...! यह घर अब सदा को छूट गया ...सबके लेखे तुम मर गयी हो...!"

कोई जवाब नहीं आया। वही साँय-साँय करती रात...पीपल का

बिरवा और अँधेरा...!

मैंने फिर कहा, "...तुम कहाँ जाओगी...कैसे रहोगी...इससे किसी को कोई मतलब नहीं।...हमको जो काम सौंपा गया है...बस इतना है कि तुमको ...कहीं झोंक आयें। जंगल...पहाड़...कुआँ...खाई ...कहीं भी फेंक दें...और आगे बंबई चले जायें...!"

मैं चुप हो गया। फिर बोला, "...हमने भी मान लिया है ! ...काहे से ...तो इस वास्ते कि...ये लोग तुमको मार के गंगा में बहा दें...इससे तो अच्छा है कि हम ही तुमको जंगल पहाड़ और खाई में ढकेल आयें !...अब बताओ..कहाँ ले जायें...कौन कुआँ, गड्ढा में झोंक दे तुमको ?...बताओ...चुप मत रहो !"

मेरी साँस तेज हो गयी थी...आवाज ऊँची...फिर बोला, "बोलो ...चुप काहे हो !...बताओ कि हम का करें...!"

बोलीं तो आवाज निकल नहीं रही थी...काँप रही थी। कहने लगीं, "...वही करो...जो तुमसे कहा गया है।...यही जंगल पहाड़ खाई है।...हमको छोड़ देव...चले जाओ, जहाँ जाना है। ...यही हुआ है ...यही करो...!"

इतनी जोर से बोला...कि चीख पड़ा। बोला, "नहीं...हम वह सब नहीं करेंगे जो हुआ है।...ऐसी हालत में तुमको छोड़कर...कभी नहीं जा सकते...!" फिर आवाज गिर गयी। बोला, "...हम तो... यही चाहते हैं...कि तुम चलो...हमारे साथ...बंबई...!"

सन्नाटा छाया रहा। अँधेरे में कुछ सूझा नहीं कि क्या हो रहा है। दिल बैठ गया। यह क्या कह गया !...सहारा लेकर भाभी उठने लगीं। बोलीं, "चलो...अभी बहुत राह बाकी है...!"

लपक कर सहारा दिया...तो धीरे-धीरे चलने लगीं।...इसी तरह चलते रहे ...थक गयीं तो रुक गयीं। मैं बराबर थामे रहा। दम लेकर फिर चलने लगीं। ...दूर कहीं पारगाँव की मुँडेरों का भान होता था। मगर अब भी बहुत दूर थीं। सुभानपुर के रिक्शे रात बिरात आते ...तो फिर भोर को ही लौटते थे। ...कम से कम वहीं पहुँच जायें। कुछ न कुछ सवारी मिल जायेगी।...

उसी तरह सहारा ले-लेकर चलती रहीं। थकी आवाज में बोलीं, "...सुभानपुर पहुँच जायें...तो हम...अपने आप चले जायेंगे...!"

मैं चुप रह गया। फिर बोला, "...कहाँ चली जाओगी ?"

दम लेकर बोलीं, "...शुक्लागंज चले जायेंगे...!"

चुप रहा। फिर कड़ी आवाज में बोला, "शुक्लागंज जाओगी ? ...क्या है वहाँ ? तिवारी जी खटिया से लग गये हैं।...भाई लोग घुसने भी नहीं देंगे...!"

लंबी साँस लेकर बोलीं, "...जौन होगा...देखा जायेगा।...एक बार तो ...एक बार तो...दादा के पास जरूर जायेंगे...!"

मैंने कहा, "...और हमारे साथ नहीं जाओगी ? काहे ?...हमने तो कभी तुम्हारा बुरा नहीं चेता...!"

थम गयीं...मगर हटीं नहीं। उसी तरह सहारे-सहारे दम लेती रहीं। फिर बोलीं, "...तुमने ...तुमने कुछ बुरा नहीं चेता भैया...। हमने ही ...अपना सब बिगाड़ लिया है !...हम हीं अपने बैरी हो गये हैं।...हमारी तो...मट्टी...खराब हो गयी !...अब तुम्हारा...तुम्हारा जीवन भी...खराब करें ? ...मर जायेंगे...मगर यह नहीं करेंगे ! चलो ...थोड़ा-थोडा चलते रहो...!"

...लगा कि आज न तो क्रोध है...न कोई नफरत। सहारे-सहारे चलती रहीं। फिर दम लेकर बोलीं, "...तुम...नासमझ हो !...यह गोह...पल भर का है। ...इसके बाद...कहीं कुछ नहीं रहता। हम तो ...यही कहेंगे कि...कोई उलटा-सीधा काम...मत कर बैठना।...सुखी रहना। ...तुमको सदा असीसते रहेंगे।...हमारा असीरा झूठा न पड़े भैया !"

मेरे मुँह से कोई बोल नहीं फूटा। ...उसी तरह चलते रहे। ...पारगाँव दूर होता जा रहा था। रात खतम नहीं हो रही थी। बादल फैलते जा रहे थे।

...रुककर भाभी ने फिर दम लिया।...बोलीं, "...अब तो... अब तो मिलना...हो...न हो।...तुम कहाँ रहोगे...हम कहाँ रहेंगे...! यही कहेंगे...सुखी रहो...सदा सुखी रहो...!"

...उसी तरह रेंगते रहे !...एक हाथ में बक्सा...दूसरे पर भाभी की थकती देह का भार !...दूर पर लोग बिखरे थे। पड़ती जमीन पर तंबू तने थे। बच्चे रो रहे थे। माँएँ पुचकार रही थीं। लोग काँख रहे थे। खाँसी सँभाले नहीं सँभलती थी। सूखा रिलीफ कैम्प था...मगर अँधेरा छाया था।

...भाभी जाग नहीं रही थीं...चलते-चलते सो रही थीं... सोते-सोते बड़बड़ा रही थीं। "...तुम्हारे भैया...तुम्हारे भैया...फिर ब्याह करेंगे...हमको मालूम है।...कहना कि जौन...जौन हमारे साथ किया...कोहू के साथ न करें...!"

...कैम्प पीछे छूट गया। चारों तरफ सन्नाटा। अपने पाँवों की आहट भी नहीं। भाभी की देह शिथिल हो रही थी। ...कोई मूर्छा थी ...या सपना था। ...कौन था ?...किससे कह रही थीं..."नहीं-नहीं ...चिंता...चिंता मत करना अम्माँ !...रो काहे रही हो ?...नहीं-नहीं ...न रोओ अम्माँ...न रोओ !...मरेंगे नहीं !...कहते हैं न...मरेंगे नहीं !...कुछ नहीं कर पायेंगे। रोयेंगे...कलपेंगे और सरापेंगे !...हत् तुम्हारा नास हो जाये !...रोम रोम सरापेगा ! ...कबहूँ...कबहूँ भला न होये !...बेबस...लाचार की हाय...सब भसम करेगी अम्माँ...सब भसम कर डालेगी...!"

...मैं चारों तरफ देख रहा था। ...कहीं कोई नहीं !...बस ...सूखे वीरान खेत !...हर तरफ जलती हुई मिट्टी !...अँधेरा और गहरा! ...राह का अन्त नहीं। ...गाँव दूर-दूर होता जा रहा था। बादल गरजने लगे थे।...रात अब भी खतम नहीं हो रही थी।

(1991)

दूसरा एहसास

उस लड़की का नाम कुछ और रहा होगा। लेकिन हम सब उसे दुर्गा कहकर पुकारते थे। मैंने भी मान लिया था कि उसका नाम दुर्गा होना चाहिए। झिझकते-झिझकते एक दिन मैंने कहा था, "देखो भाई...तुम तो दुर्गा हो ...हर एक से लड़ जाती हो !...मगर मैं बहुत सीधा-सादा आदमी हूँ। लड़ाई-वड़ाई से मुझे डर लगता है।"

दुर्गा हँसने लगी थी। बोली, "डरने की कोई जरूरत नहीं। मैं हूँ न। मुझे बुला लेना। तुम्हारी रक्षा मैं करूँगी...!"

उसकी बात सुनकर मैं थोड़ा झेंप गया...फिर हँसने लगा। मैंने कहा, "मगर देखनेवाले तो यही सोचते होंगे कि तुम मेरी गर्लफ्रेंड हो...!"

जोर से ठहाका लगाकर उसने कहा, "...उल्टी बात। लोग तो सोचते होंगे कि तुम मेरी गर्लफ्रेंड हो...!"

मैं पानी-पानी हो गया।

उस समय हम लोग एक पुराने कस्बे के छोटे से कॉलेज में पढ़ते थे। कस्बा अजीब था। कस्बे के लोग अजीब थे। कस्बे के चारों तरफ जंगल फैला हुआ था। ...बीच में छोटी लाइन का स्टेशन था।...जंगल में यहाँ-वहाँ आदिवासियों के गाँव बिखरे हुए थे। कई जगहों पर छोटे-छोटे चर्च बन गये थे। कुछ आदिवासी कई पीढ़ी पहले ईसाई हो गये थे। इनके बच्चों को कॉलेज की पढ़ाई के लिए हमारे शहर आना पड़ता था। इनके अंग्रेजी नामों के बाद अक्सर 'सिंह' जुड़ा होता

था। ज्यादातर लोगों का रंग काला या साँवला होता था...फिर भी एक सलोनापन होता था जो अपनी तरफ खींचता था।...मगर दुर्गा को देखकर लगता था कि ...नहीं, कोई खास बात नहीं है। कहीं कोई खिंचाव नहीं लगता था। बहुत ज्यादा दबंग लगती थी। लगता था कि दुर्गा थोड़ी कमजोर और नाजुक होती तो जरूर सुंदर लगती। तब मैं जरूर उसकी तरफ खिंच जाता।

लेकिन फिर भी हम लोग रोज मिलते थे। वह कॉलेज आती थी...मैं भी आता था। यह कॉलेज भी अजीब था। कुछ ठेकेदार और नेता लोग इस कॉलेज के ट्रस्टी थे। ये लोग अक्सर चुनाव वगैरा में हिस्सा लेते थे। किसी पार्टी के साथ हो जाते थे और किसी के दुश्मन बन जाते थे। ये सभी लोग सफेद टोपियाँ पहनते थे और इनके कपड़े भी बिलकुल सफेद होते थे। पता नहीं क्यों, इनको देखकर लगता था कि ये सब लोग बहुत कम पढ़े-लिखे हैं और पढ़ाई-लिखाई से इन्हें कुछ लेना-देना नहीं है। लड़के लोग अक्सर इनका मजाक उड़ाया करते थे। कभी-कभी दुर्गा हमारे साथ शामिल हो जाती थी। लेकिन हमेशा लगता था कि उसे कहीं पहुँचने की जल्दी है, इसलिए ज्यादा देर नहीं रुक सकती थी। लड़कियों में वही थी जो लड़कों से बात करती थी। लड़कियाँ काफी थीं कॉलेज में...मगर लड़कों से बात नहीं करती थीं। कुछ व्यापारी और कुछ नौकरीपेशा लोग थे जो अपनी लड़कियों को कॉलेज भेजते थे। कुछ ईसाई लड़कियाँ थीं जो बाहर कहीं से शहर में आयी थीं और किसी ईसाई हॉस्टल में रहकर पढ़ाई करती थीं। गुट बनाकर आती थीं और गुट बनाकर चली जाती थीं। क्लास के दौरान लड़के इन लड़कियों को ताका करते थे और क्लास के बाद उनके बारे में अटकलें लगाया करते थे।

लेकिन मैं लड़कियों की बातों में कोई दिलचस्पी नहीं लेता था ...इसलिए कि मैं अपने आपको एक अच्छा लड़का समझता था। कुछ और लोग भी मुझे ऐसा ही समझते थे। बड़ी एकाग्रता से मैं लेक्चर सुनता था और नोट्स लिखता जाता था। मेरे नंबर बहुत अच्छे आते थे और इन अच्छे नंबरों पर मुझे बड़ा गर्व था। यूनिवर्सिटी की परीक्षा

में भी मैं अच्छे नंबर जरूर लाऊँगा...मुझे पक्का भरोसा था। मगर कुछ ऐसे भी लड़के थे जो मेरा ही नहीं...इस सारी पढ़ाई का मजाक उड़ाते रहते थे। ओझा से मुझे बहुत नफरत थी। अपने आपको बड़ा नेता समझता था। कहता था...एजुकेशन बकवास है। इसको चलानेवाले सड़े हुए हैं...अपना उल्लू सीधा करने में लगे हैं। हर चीज की बुराई करता था। मन होता था कि इसके दाँत तोड़ दूँ। लेकिन हिम्मत नहीं होती थी।

परीक्षाएँ नजदीक आने लगीं तो एक दिन अचानक मुझे रोक कर दुर्गा ने कहा, "यह मैग्नाकार्टा क्या चीज है, भई शर्मा ?...मेरी तो कुछ समझ में नहीं आता...!"

मैं खुश हो गया। दुर्गा का यह सवाल काफी अच्छा लगा। बहुत दिनों से एक इच्छा मन में थी। कहीं कोई ऐसी बात हो जिसमें दुर्गा को मुझे अपना बड़प्पन दिखाने का मौका मिले। आखिर मैग्नाकार्टा मेरे काम आ गया। बहुत विस्तार में जाकर मैंने उसे समझाने की कोशिश की कि मैग्नाकार्टा क्या है और इंग्लैंड जैसे देश के इतिहास में उसका क्या महत्त्व है। लेकिन जब दुर्गा की तरफ देखा तो लगा कि मेरे बड़प्पन का असर कहीं नहीं हुआ। बोर हो रही थी, अजीब तरह का मुँह बना रही थी और गर्दन को बार-बार झटका देकर अपने बालों को पीछे फेंक रही थी। मैं अनायास चुप हो गया था।

इस समय हम दोनों नये शहर की तरफ जानेवाले खाली रास्ते पर चल रहे थे। अपने हाथों को उठाकर वह रूखे बालों को पीछे जमाने की कोशिश कर रही थी। उसे पता ही नहीं चला कि मैं चुप हो गया। मैं उसकी तरफ देखता रहा। उसके हाथों को देखकर लगा कि बहुत मजबूत हाथ हैं। लड़कियों के हाथ अक्सर ऐसे नहीं होते। साइकिल के हैंडिल पर रखे अपने दोनों हाथों को देखकर ऐसा लगा कि ये बहुत नाजुक और कमजोर हैं। जैसे झेंपकर मैं बोल उठा, "तो यही सब प्वाइंट्स हैं। ...इन्हें पढ़ लेना चाहिए।"

बिना मेरी तरफ देखे दुर्गा बोली, "देखो भई शर्मा ! पढ़ने-वढ़ने का टाइम तो अपने पास है नहीं। कुछ ऐसा बताओ कि कम-से-कम

टाइम में थोड़ा-थोड़ा सबकुछ समझ में आ जाये और पास होने लायक नंबर मिल जायें...!''

मुझे लगा कि दुर्गा के बात करने का अंदाज भी लड़कियों जैसा नहीं है। बोलते समय भी उसके हाथ...उसकी कलाइयाँ...उसका शरीर...सबकुछ एक सीधी लाइन में रहता है। कहीं कोई लोच नहीं ...बल नहीं। मैंने कहा, ''क्यों ? टाइम क्यों नहीं है तुम्हारे पास ? निकालना चाहिए टाइम !...पढ़ाई के लिए सबकुछ करना चाहिए !''

लगा कि दुर्गा और भी ज्यादा बोर हो गयी। बोली, ''टाइम निकालना चाहिए...यह तो मुझे भी मालूम है।...मगर किसी तरह कॉलेज आ जाती हूँ...यही बहुत है।''

इसके बाद दुर्गा के मजबूत हाथों का राज मुझे मालूम हो गया। कॉलेज आने से पहले और कॉलेज से लौटने के बाद उसे ढेर सारे काम करने पड़ते हैं। कपड़े धोने पड़ते हैं, बर्तन साफ करने पड़ते हैं बीमार माँ की देखभाल करनी पड़ती है। फिर बच्चों को पढ़ाने कहीं दूर जाना पड़ता है। मैं सोच में पड़ गया। बोला, ''ऐसी हालत में तो यही हो सकता है कि तुम मेरे नोट्स पढ़ लो।''

हम अब पी.डब्ल्यू.डी. क्वार्टरों के पास आ गये। यहाँ से हमें अलग होना था। मुझे मालूम था कि दूसरी तरफ के मैदान के बीच से रेंगती हुई जो पगडंडी गुजरती है...दुर्गा उस पर चलती हुई कँटीले झुरमुटों के बीच खो जाएगी और मैं मेन रोड पर साइकिल चलाता हुआ आगे निकल जाऊँगा। लेकिन मुझे कुछ और भी लगा। मैं बताना चाहता था कि मैं बहुत ऊपर हूँ...दुर्गा बहुत नीचे...क्योंकि मैं हर क्लास में हाजिर रहता था...और बहुत अच्छे नंबर लाता था। ऐसा लगा कि आज भी मैं दुर्गा को यह बता नहीं पाया। या शायद खुद भी महसूस नहीं कर पाया।...

आगे चलकर रोज ही ऐसा होने लगा था। नये शहर की तरफ जानेवाले रास्ते के उस मोड़ तक हम अक्सर साथ आते थे। रोज मैं यह बताने की कोशिश करता था कि मैं बहुत ऊँचाई पर हूँ...दुर्गा कहीं बहुत नीचे है। अपनी ऊँचाई से आवाज देकर मैं दुर्गा को बहुत

कुछ समझा रहा था...परेशान उकताई आँखों से वह मेरी तरफ देख रही थी और किसी अनबूझ पहेली को बूझने की कोशिश कर रही थी। मैं कहता था, "बस, ग्रेजुएशन की देर है। बिजनेस मैनेजमेंट का कोर्स करूँगा और किसी बड़ी फर्म में हाई एक्जीक्यूटिव हो जाऊँगा ...या फॉरिन चला जाऊँगा। मैंने तो अपना फ्यूचर सिक्योर कर लिया है।..."

लेकिन अचानक मुझे दुर्गा का खयाल हो आता था। वह खामोश है और अब भी जमीन की तरफ देख रही है। मेरे फ्यूचर की इस लंबी-चौड़ी बात ने उस पर सही असर नहीं डाला है। मैं ऊँचाई से जमीन पर आ जाता हूँ। कुछ खामोश रहकर पूछता हूँ, "ग्रेजुएशन के बाद...तुम्हारा क्या प्रोग्राम है दुर्गा ?"

अब वह जमीन से आसमान की तरफ देखने लगती है। कहीं दूर से आती हुई उसकी आवाज सुनाई देती, "अपना क्या प्रोग्राम होना है भई शर्मा ! जरा ठीक सी कोई नौकरी मिल जाये तो अंकल का घर छोड़ दें...अलग रहें और ठीक से माँ का इलाज करायें। बस... !"

मुझे दुर्गा पर तरस आता था। मुझे पूरे शहर पर तरस आता था। दुर्गा ही क्या...शहर के सारे लोग मुझे बहुत छोटे लगते थे... क्योंकि ये सब बहुत छोटे और मामूली इरादों वाले लोग थे। कोई छोटी-सी नौकरी मिल जाये...कोई छोटा सा धंधा हो जाये...शादी-ब्याह करें...बच्चे पैदा करें...मर जायें...। शहर से बाहर भी कोई दुनिया है जो बहुत बड़ी है !...बड़ी-बड़ी चीजें हैं उसमें !...शानदार मकान और गाड़ियाँ और हवाई जहाज और बड़े-बड़े होटल हैं...इसका इन लोगों को पता ही नहीं था !... लेकिन यही शायद वह दुनिया है जो मेरा इंतजार कर रही है।

...लेकिन मैं अब भी छोटे-छोटे रास्तों पर चल रहा था और कभी-कभी दुर्गा भी मेरे साथ होती थी। उन दिनों परीक्षा के फॉर्म भरे जा रहे थे। फीस बढ़ा दी गयी थी और विद्यार्थियों की यूनियनें इसके विरोध में आवाज उठा रही थीं। हमारे कॉलेज के विद्यार्थी कुछ ज्यादा ही चीख-चिल्ला रहे थे। इसका कारण शायद यह था कि संस्था

के ट्रस्टी एक ठेकेदार ने कुछ लाख रुपयों का घपला कर डाला था। इसकी कहानी ट्रेडल पर छपनेवाले कस्बे के एक अखबार ने सुर्खियाँ देकर छापी थी। कुछ और अफवाहें भी गर्म थीं। एक नेता शराब पीकर लड़कियों के होस्टल में घुस गये थे। कुछ प्रोफेसरों के बारे में खुले आम कहा जा रहा था कि रुपये लेकर पेप्पर आउट करते हैं, नंबर बढ़ाते हैं और हॉल में नकल करने की सहूलियत भी दे देते हैं। लड़के अजीब-अजीब बातें करते थे। इन लोगों की बातें मान ली जायें तो हर जगह और हर कुरसी पर सड़े हुए लोग बैठे हैं, यह मानकर चलना होगा। यह सच भी हो तो जो है, वही सही है। हमें इसी सच के बीच अपनी जगह बनानी है।...इसीलिए मैं इन तमाम बातों की कोई परवाह नहीं करता था...सबकुछ भुलाकर जोरों से पढ़ाई में लग जाता था।

एक दिन यों ही दुर्गा ने कहा, "शर्मा !...भई...ऐसा लगता है कि इस साल मैं परीक्षा नहीं दे पाऊँगी !"

मैं कुछ हैरान हो गया। मेरे पूछने पर भी बड़ी देर तक दुर्गा कुछ नहीं बोली। फिर उसने बताया कि उसकी माँ की तबीयत काफी खराब है। हाथ काफी तंग है। उसे अभी से कहीं कोई काम करना होगा।...यह सुनकर मुझे थोड़ा दुख हुआ। मैंने जोर देकर कहा, "नहीं !...किसी भी तरह तुम्हें पढ़ाई जारी रखनी चाहिए। यही चीज आगे तुम्हारे काम आयेगी।"

मेरी बात का उस पर कोई असर नहीं हुआ। हमेशा की तरह बोर होकर उसने कहा, "क्या काम आयेगी...मेरी तो समझ में नहीं आता।...किताबों में कुछ लिखा है...जिंदगी में कुछ हो रहा है। भई ...मेरा तो पढ़ाई में दिल नहीं लगता। क्या होगा ये बड़े-बड़े नाम पढ़कर !"

ऐसी बात उसने पहले भी एक बार कही थी। तब मुझे लगा था कि अचानक ही ऊँचाई से उठाकर उसने मुझे कहीं बहुत नीचे फेंक दिया है।...उस दिन भी मुझे बहुत बुरा लगा। कुछ तिलमिलाकर मैंने कहा, "अगर सब लोग तुम्हारे दिमाग से चलना शुरू कर दें तो

यूनिवर्सिटी और कॉलेजों को ताला लगा देना पड़ेगा...किताबों-कॉपियों को कचरे के ढेर में फेंक देना पड़ेगा।''

वह मुझे नाराज नहीं करना चाहती थी। फिर भी बोली, ''मुझे तो यह सब ढोंग लगता है, भई शर्मा ! सबको अपनी-अपनी पड़ी है। डिग्री लो...करियर बनाओ...पैसे कमाओ ! यह सारा पढ़ना-लिखना सिर्फ इसलिए है कि हम ही अपने बारे में सोचें और अपना करियर बनायें !...ऐसे पढ़े लोगों से तो बेपढ़े लोग भले...!''

इसके बाद दुर्गा से मिलना मुझे कोई खास अच्छा नहीं लगता था। लगता था कि मेरे सारे बड़प्पन को यह लड़की तोड़-फोड़कर खत्म कर देना चाहती है। घमंडी है...या बिलकुल मूर्ख है। जिन तमाम चीजों को लेकर मैं एक लड़ाई लड़ रहा था...लड़ाई में कामयाब हो रहा था ...एक बहुत अच्छे जीवन की ओर बढ़ रहा था...दुर्गा उन्हीं चीजों को बेकार और बेमतलब बनाने की कोशिश कर रही थी। मेरी हर बात उसे बोर करती थी और वह उबासियाँ लेने लगती थी। असली बात तो यह है कि इन चीजों को पाने का वह सपना भी नहीं देख सकती थी। इन्हें गालियाँ देना इसलिए भी जरूरी था।...इस समय यह सोचकर मुझे बहुत राहत मिलती थी कि मेरे और दुर्गा के बीच सचमुच एक फासला है।...और मैं वहाँ हूँ जहाँ पहुँचने की बात दुर्गा कभी सोच भी नहीं सकती थी।...तब मुझे अपने परिवार और पिता का खयाल आता था। पापा ने मेरी हर चीज ऊँचे लोगों के बीच रखी थी। इन्हीं लोगों के बीच मेरा उठना बैठना होता था। पापा तो चाहते थे कि मैं लायंस क्लब या रोटरी क्लब का मेम्बर बन जाऊँ। वहाँ जाने से अच्छे-अच्छे कान्टैक्ट बन जाते हैं...बहुत से काम अपने आप हो जाते हैं। असल में वे मुझे विदेश भेजना चाहते थे। मैं भी यही चाहता था। इसलिए उनके बताये रास्ते पर पूरी लगन के साथ चल रहा था।

तब भी दुर्गा की तरफ मेरा ध्यान बार-बार चला जाता था। इधर उसने कॉलेज आना भी बंद कर दिया था। सर्दियों का आखिरी महीना चल रहा था यानी परीक्षा और पास आ गयी थी। कई बार

कई लोगों के सामने मैंने दुर्गा का जिक्र किया...लेकिन किसी ने नहीं बताया कि आखिर हुआ क्या। दुर्गा ने अचानक कॉलेज आना बंद क्यों कर दिया ?...अपने ऊपर भी ताज्जुब होता था। दुर्गा को लेकर आखिर मैं क्यों इतना परेशान था ?

इसी बीच अचानक वह मुझे मिल गयी। पसीने से लथपथ चप्पलें फटफटाती वह कहीं दूर से पैदल चली आ रही थी। रास्ते के मोड़ पर हम दोनों अचानक आमने-सामने हो गये। मैं हैरान हो गया। उसका यह हुलिया ? जैसे झटका खा कर मैंने कहा, "क्या हाल है ? यह क्या हुलिया बना लिया है ? बाल-वाल क्यों कटा डाले तुमने ?"

मुझे लगा कि मुझसे मिलकर वह काफी खुश हुई। बोली, "क्या बतायें भई शर्मा ! अपने तो हाल बुरे हैं। एक नौकरी कर ली है। सुबह-सुबह ही भागना पड़ता है। बालों की ऐसी गत हो गयी थी कि पूछो मत ! लीखें पड़ गयीं...जूएँ हो गयीं। एक दिन उठायी कैंची और काट डाले !...तुम अपनी सुनाओ। क्या हाल है ?"

मैं जैसे सकते में आ गया। क्या हो गया इस लड़की को ? किसी चीज का खयाल नहीं। न कंघी...न चोटी...न पाउडर ! माथे पर बिंदी तक नहीं ! इस उम्र में यह हाल !...रुककर मैंने कहा, "और पढ़ाई का क्या हुआ ?"

बोली, "भई...पढ़ तो रही हूँ थोड़ा-थोड़ा। पर परीक्षा दूँगी कि नहीं...मालूम नहीं !...तुम अपनी सुनाओ न ! बहुत पढ़ रहे हो आजकल ?"

अपने बारे में बोलना इस समय बिलकुल अच्छा नहीं लगा। क्या कहूँ ? ...कितनी मेहनत कर रहा हूँ...कितना स्ट्रगल कर रहा हूँ ! मैंने कहा, "लेकिन इतनी धूप में तुम जा कहाँ रही हो ?"

बोली, "बस, भाग रही हूँ...घर। पहले ही देर हो गयी है...!"

न जाने कब, मैंने दुर्गा के साथ चलना शुरू कर दिया था। ...शहर के दूसरे सिरे पर कोई प्राइमरी स्कूल है। दुर्गा ने वहाँ पार्ट टाइम पढ़ाना शुरू कर दिया है। चाचा का घर उसने छोड़ दिया है। माँ को लेकर अलग रहने लगी है। मगर चाचा का कोई दोष नहीं।

समय बहुत खराब है। अपने लोगों को सँभालना ही भारी होता है। दूसरों के लिए कौन कितना कर सकता है।...पहले एक बस पकड़ती है...फिर दूसरी। इस शहर की बसें बहुत परेशान करती हैं। घंटों गायब रहती हैं। जब आती हैं...तो ठसाठस भरी होती हैं...मैंने कहा, "तुम्हें ...कोई दूसरी नौकरी नहीं मिली ?"

मैंने देखा कि उसका चेहरा तमतमा गया है। बोली, "लड़कियों को...नौकरी देने के लिए तो बहुत-से लोग तैयार हो जाते हैं। मगर ...लड़की का तो शरीर ही लड़की का सबसे बड़ा दुश्मन है।...तुम अपनी सुनाओ न !...क्या प्रोग्राम बना रहे हो आजकल ?"

...दुर्गा को अपना प्रोग्राम बताऊँ ? बी.ए. करने के बाद पापा मुझे दिल्ली भेज देंगे...या फिर बंबई।...वहाँ से मैं फिर यूनाइटेड स्टेट्स चला जाऊँगा।...और भी बड़े-बड़े प्रोग्राम हैं।...ये सारी बातें दुर्गा को बताऊँ ? ...मैंने कहा, "तुम्हारी माँ की तबीयत कैसी है ?"

...माँ की तबीयत काफी खराब चल रही थी। जैसे-जैसे तबीयत बिगड़ती जाती थी...माँ और बेटी का झगड़ा बढ़ता जाता था। माँ चाहती थी कि बेटी शादी कर ले। बेटी तैयार नहीं होती थी।...काफी देर मैं चुप रहा। फिर बोला, "तो कर क्यों नहीं लेतीं शादी ?...मेरा खयाल है...कि तुम्हें शादी कर लेनी चाहिए...!"

कटे हुए बालों को झटका देकर उसने पीछे की तरफ फेंका ...फिर बोली, "अभी तो अपना शादी-वादी का कोई प्रोग्राम नहीं है। आगे देखेंगे...क्या करना है...!"

हम लोग अब फिर एक मोड़ पर आ गये थे।...सामने दूर से बस आ रही थी।...हड़बड़ाकर दुर्गा ने कहा, "मैं भागूँ !...मेरी बस आ रही है...!"

अचानक मैंने कहा, "मैं भी चलूँ ?"

वह ठिठक गयी। फिर बोली, "कहाँ ?"

मैंने कहा, "तुम्हारे घर...तुम्हारी माँ को देखने...!"

पल-भर हम दोनों चुपचाप खड़े रहे। फिर हम दोनों ने दौड़ना शुरू कर दिया।...बस, बहुत मुश्किल से मिली। हम दोनों ही हाँफने

लगे थे। बस स्टॉप पर बहुत लोग थे। अंदर भी लोग ठसाठस भरे हुए थे। हम दोनों अंदर पहुँच गये। बहुत भीड़ थी और हम दोनों ही अपने-अपने लिए जगह बनाने की कोशिश कर रहे थे। मैं बहुत आगे निकल गया था...वह पीछे रह गयी थी। लोगों के सिरों के ऊपर से हम दोनों एक-दूसरे को देखने की कोशिश कर रहे थे। मुझे नहीं मालूम था कि कहाँ उतरना है। वह दूर से इशारा कर रही थी। उसे मालूम था कि कहाँ जाना है...टिकिट वही लेगी।

काफी देर तक धक्के खाते हुए हम दोनों एक-दूसरे के पास पहुँच पाये। उसकी आँखों में एक अजीब मुस्कराहट थी। बस और भीड़ के शोर में उसने कुछ कहा। शायद कह रही थी कि मैंने बेकार तकलीफ उठायी। लेकिन मैं भी मुस्करा रहा था...! भीड़ और पसीने और शोर के साथ काफी देर तक यह सफर चलता रहा। पता नहीं चल रहा था कि हम लोग कहाँ पहुँच गये हैं। ...तब एक जगह उसने इशारा किया और हम लोग नीचे उतर गये।

मैंने पहली बार चारों तरफ देखा...और हैरान रह गया। हम लोग अपने शहर के बाहर कहीं पहुँच गये थे। चारों तरफ झोपड़े थे। चारों तरफ गंदगी का माहौल था। कुछ औरतें, बच्चे, मर्द बाँस की खपच्चियों से टोकरियाँ बना रहे थे। आगे लोहार की धौंकनी में लोहा गरम हो रहा था।...आगे और बदबू थी। चमारों ने मरे जानवरों की खालें उतार कर सूखने के लिए रस्सियों पर फैला दी थीं। सूअरों के पिल्ले भाग रहे थे।...मैंने उस लड़की की तरफ देखा जो चप्पलें फटफटाती...गर्दन को झटका देकर बालों को पीछे फेंकती...आगे-आगे चली जा रही थी।...यह लड़की मुझे कहाँ ले आयी है...कहाँ ले जा रही है ?...मैं भी क्यों इसके पीछे होकर यहाँ चला आया ? यह एक गंदा नाला है...जिसमें लोग नहा रहे हैं।...लेकिन दुर्गा रुकती नहीं ...चलती जाती है।

...एक पुराने खँडहरनुमा मकान के सामने आकर हम लोग रुक गये। एक हिस्सा ढह गया था। सामने के हिस्से में कोई रहता था। कुछ मुर्गियाँ यहाँ से वहाँ भाग रही थीं। पिछवाड़े बाँसों की जाली के

पीछे बिस्तर पर एक बीमार औरत पड़ी थी। दुर्गा ने कहा, ''यह... मेरी माँ है।''

मैंने नमस्ते किया...तो माँ ने कोई जवाब नहीं दिया। चिड़चिड़ाकर दुर्गा से उसने कुछ कहा...फिर खाँसने लगी। ...कोई शिकायत थी।...इतनी देर कहाँ लगा दी ?...कहाँ-कहाँ फिरती रहती है ! बहुत बदल गयी है !...मैं चुपचाप सुनता रहा। दुर्गा समझाती रही। लेकिन बूढ़ी औरत का गुस्सा कम नहीं हुआ। ...मैं क्यों यहाँ आ गया ? अब मुझे क्या करना चाहिए ? ऐसे ही उलटे पाँव लौट जाना चाहिए ?...लेकिन दुर्गा ने मुझे अंदर बुलाकर एक पुरानी कुरसी पर बैठा दिया।...एक मेज लगाकर इस जगह को किचन बना लिया गया था। ...स्टोव जलाने लगी तो मैं चुपचाप चारों तरफ देखने लगा। अजीब-सा माहौल था।...

मैंने पूछा, ''क्या बना रही हो ?''

दुर्गा ने मेरी तरफ नहीं देखा। बोली, ''माँ ने बात नहीं की। ...बुरा लग गया तुम्हें ? गुप्ता और ओझा के साथ भी ऐसा ही करती हैं...!''

इस समय स्टोव की आवाज शुरू हो गयी थी। दुर्गा फिर भी बोलती रही। ...''माँ को यह सब पसंद नहीं है। ...मैं बाहर जाती हूँ। ...काम करती हूँ।...सबके बीच उठती-बैठती हूँ।...कोई मुझसे मिलने आता है।...बिलकुल अच्छा नहीं लगता उन्हें !...एक ही रट लगा रखी है। ...शादी कर लूँ...ताकि चैन से मर सकें...!''

हिचकते हुए मैंने फिर कहा, ''तो तुम्हें शादी कर लेनी चाहिए...!''

दुर्गा का चेहरा सख्त हो गया। हाथों को तेज चलाते हुए उसने कहा, ''...शादी कर लूँ, तो माँ को कौन सँभालेगा ? ...किसकी मेहरबानी पर पलेंगी ...? चाचा की ?...या मेरे हसबैंड की ?''

...इस समय मेरे सामने एक तस्वीर-सी उभरने लगी।...माँ जल्दी में है। मरने से पहले बेटी की शादी कर जाए। बेटी शादी कर नहीं सकती।...बीमार बूढ़ी माँ को सँभाल रही है।...घर का सारा काम-काज कर रही है। पैसे कमाने के लिए बाहर की दौड़-धूप में

लगी है। पढ़ाई करने की कोशिश भी कर है।...एक दुनिया है...या एक जंगल है। चारों तरफ जानवर हैं। आदमी का खून इनकी जबान को लग चुका है। लड़की बिलकुल अकेली है...जिंदा रहने की लड़ाई लड़ रही है।...प्याली को टूटी मेज पर रख रही है। गर्दन को झटका देकर बालों को पीछे फेंकने की कोशिश कर रही है।

...लेकिन एक और भी तस्वीर है...मेरी अपनी !...बहुत अच्छे खाते-पीते घरबार का लड़का। बहुत पढ़ा-लिखा...होशियार...हमेशा अच्छे नंबरों से पास होनेवाला। हर तरफ तारीफ हो रही है। हर आदमी खुश है।...औलाद हो तो ऐसी हो। कितनी मेहनत करता है ! कैसी लगन है ! ऊँची शिक्षा के लिए इसे देश से बाहर जरूर जाना चाहिए। ...यह चेहरा कहीं अकेला नहीं है। सब लोग हमेशा इसके साथ हैं। ...अपने आपसे भागकर अचानक मैं बोल उठा, "...तुम्हें परीक्षा जरूर देनी चाहिए। अच्छे नंबर मिल सकते हैं तुमको !"

इस बात पर दुर्गा ने फिर बुरा मुँह बनाया। मुझे लगा कि एक बार फिर उसने मुझे नीचे फेंक देने की कोशिश की है।...जैसे तिलमिलाकर मैं चाय की चुस्कियाँ लेने लगा। ...इस समय एक अजीब खयाल मेरे दिमाग में आने लगा। ...क्या इस लड़की की कोई कमजोरी नहीं है ? एक अच्छा-खासा भरा-पूरा शरीर इसके पास है। काफी दूर तक फैला हुआ अकेलापन भी है।...चाय पीते-पीते मैंने कहा, "तुम्हारे एक-दो पेपर्स अगर मैं तैयार करवा दूँ तो ?...मतलब यह है कि एक्ज़ाम के बाद तुम्हें कोई अच्छी सर्विस मिल सकती है...!"

लेकिन दुर्गा ने कोई उत्साह नहीं दिखाया। बोली, "असली बात टाइम की है।...घर और बाहर का सबकुछ करने के बाद...मैं ऐसी थक जाती हूँ कि और कुछ मुझसे होता ही नहीं है।...फिर भी...!"

अचानक दुर्गा रुक गयी। पल-भर वैसी ही बैठी रही। मैंने ध्यान दिया ...तो दरवाजे के पास किसी के होने का एहसास हुआ। ऊँची आवाज में दुर्गा ने कहा, "कौन ?"...उठकर फौरन दरवाजे के पास पहुँच गयी...चीखकर बोली, "...माँ ! तुम यहाँ क्या कर रही हो ? ...किसने कहा था उठने के लिए... !"

माँ डरी आवाज में कुछ समझाने की कोशिश कर रही थी ...लेकिन सबकुछ अपने-आप साफ था।...यह लड़की जो शादी के लिए तैयार नहीं होती ...बाहर न जाने कहाँ-कहाँ भटकती रहती है ...एक लड़के के साथ अकेले कमरे में क्या कर रही है ?...सहारा देकर माँ को दुर्गा ने फिर बिस्तर पर लिटा दिया। लौटी तो उसका चेहरा तमतमाया हुआ था। लगा कि रुआँसी हो गयी है। मैं कुछ नहीं बोला...चुपचाप चाय पीता रहा। लंबी खामोशी के बाद अचानक दुर्गा ने बोलना शुरू कर दिया, "भई शर्मा !...मेरी एक प्रॉब्लम है।...तुम परीक्षा मार्क्स, सर्विस वगैरा की बात करते हो।...मुझे किसी चीज में कोई सेंस नहीं दिखाई देता है।...किसी चीज में फेथ नहीं होता। सबकुछ फालतू लगता है।...इसीलिए पढ़ाई-लिखाई भी नहीं होती मुझसे !...आखिर क्या होगा इस नाटक से !...कहीं किसी चीज पर श्रद्धा हो...विश्वास हो...तो अपना जीवन भी ठीक लगेगा। जिंदा रहने के लिए कोई डाइरेक्शन मिलेगी...!"

मुझे लगा कि इस समय दुर्गा बहुत तकलीफ में है...मुझे कुछ जरूर बोलना चाहिए। लेकिन फिर यह भी लगा कि मैं कुछ भी कहूँ ...मुझे खुद ही फालतू मालूम होगा। फिर भी मैं बोला, "हर एक को एक शुरुआत करनी पड़ती है ...इसके बाद चीजों में सेंस अपने-आप दिखाई पड़ता है। तुम्हें शुरुआत करनी चाहिए। अच्छी सर्विस के लिए डिग्री की जरूरत तो पड़ेगी...!"

दुर्गा ने एक ठंडी साँस छोड़ी। मैं चुप हो गया। जैसे यह बात बहस के काबिल ही नहीं थी...।

शाम हो चली थी। हम लोग बाहर निकल आये। उन्हीं गंदे रास्तों पर, उन्हीं गंदी नालियों के बीच जब हमने चुपचाप चलना शुरू कर दिया तो अचानक दुर्गा बोली, "देखो भई शर्मा !...सबकुछ अब पीछे छूट रहा है।...मैं साफ देख रही हूँ।...इससे चिपट कर रहने में...कोई मतलब है नहीं...!"

मेरी समझ में नहीं आया कि...क्या कह रही है ?...किससे कह रही है ?...यहाँ है ?...या कहीं और पहुँच गयी है?....तभी बोली,

"...नहीं...मैं अपनी माँ की बात सोच रही थी।...यह सब खत्म हो रहा है, शर्मा ! माँ को तो मरना ही है।...मगर उन्हें मिला क्या ? ...सारी जिंदगी की दुख-तकलीफ का फल क्या मिला ?...वही दुख ...वही तकलीफ...और अब मैं भी उसी रास्ते पर चल पड़ूँ...?"

मैं बिलकुल समझ नहीं पा रहा था...कि क्या करूँ...कैसे इस लड़की को समझाऊँ...!

यहाँ चारों तरफ बेकार छोकरे घूम रहे थे। कुछ एक पुलिया पर बैठे फब्तियाँ कस रहे थे। मुझे लगा कि पूरी बस्ती आवारा गुंडों से भरी हुई है और मुझे जल्द यहाँ से चले जाना चाहिए। दुर्गा पर ताज्जुब हुआ...कि अकेले यहाँ कैसे रह लेती है !...

उस दिन के बाद कई दिनों तक दुर्गा से मुलाकात नहीं हुई। इधर परीक्षाओं की तारीखें आ गयीं। मुझे बहुत खुशी हुई। इस शहर से मुझे कुछ ज्यादा ही नफरत होने लगी थी। इसका छोटापन मेरे लिए दिन-दिन बड़ा होता जाता था। बड़े-बड़े शहरों में लोग तेज रफ्तार से भाग रहे थे। दुनिया लगातार आगे बढ़ती जा रही है। इस शहर में कहीं कुछ नहीं हो रहा था। लोगों के पास बहुत समय था। किसी को कहीं किसी बात की जल्दी नहीं थी।...सिर्फ मौसम बदल रहा था। हवाएँ कुछ तेज हो गयी थीं। धूल और मिट्टी के गुबार लेकर कभी-कभी अंधड़ उठने लगे थे। दोपहरें गर्म होने लगी थीं।

इसी समय एक खास बात हो गयी। बढ़ी हुई फीस का मामला तूल पकड़ गया। खबर आयी कि पास के बड़े शहर में विद्यार्थियों का आंदोलन बेकाबू हो गया। पुलिस और विद्यार्थियों में मुठभेड़ हो गयी। पुलिस को गोली चलानी पड़ी। यूनिवर्सिटी में आग लगा दी गयी।...इन खबरों को सुनकर मुझे गुस्सा आने लगा। डर लगने लगा कि कहीं परीक्षाएँ न रोक दी जायें।...विदेश जाने का मेरा सारा प्रोग्राम चौपट हो जायेगा। हमारे यहाँ भी यूनियनों की पैंफलेटबाजी, पोस्टरबाजी शुरू हो गयी थी। विद्यार्थियों को बगावत के लिए खुले आम भड़काया जा रहा था। कॉलेज के कैम्पस में सी.आई.डी. और सादी वर्दी वाले लोग घूमने लगे थे। विद्यार्थियों के लीडर पता नहीं

कहाँ लापता हो गये थे। हवा में एक अजीब-सी सनसनी फैली हुई थी।

फिर भी मैंने लाइब्रेरी में पढ़ना शुरू कर दिया था। पूरा मन लगाकर एकाग्र चित्त से पढ़ाई करना चाहता था।...लेकिन एक दिन अचानक सिर उठाया तो ...दुर्गा मेज के सामने खड़ी थी। वही धूल भरा परेशान चेहरा। फुसफुसाकर उसने कहा, "जरा बाहर आओ न...!"

मेजों पर से आँखें उठाकर लड़के-लड़कियों ने हमें देखना शुरू कर दिया। मैं बहुत खुश था। किताबें-कॉपियाँ फौरन बंद कर दीं।

बाहर आते ही दुर्गा ने कहा, "शर्मा !...तुम्हें मालूम है क्या हुआ है ?...वहाँ यूनिवर्सिटी में एस.आर.पी. लगा दी गयी है...!"

मुझे जैसे धक्का-सा लगा। जैसे हाँफते हुए दुर्गा ने कहा, "पुलिस अफसरों ने होस्टल में घुसकर लड़कों को बुरी तरह मारा है।...यहाँ गुप्ता, ओझा और राय के नाम वारंट कट गये हैं।"

मैंने जैसे खुश होकर कहा, "अच्छा हुआ ! इन लोगों के साथ यही सुलूक करना चाहिए। साले बड़े नेता बने घूमते हैं। कुछ खयाल ही नहीं करते कि किसका क्या नुकसान कर रहे हैं...!"

दुर्गा के चेहरे पर कई रंग एकसाथ आये और चले गये। तब अचानक तमतमाकर उसने कहा, "एक लड़का वहीं मर गया !...एक ने अस्पताल पहुँचते-पहुँचते दम तोड़ दिया।"

अचानक गंभीर होकर मैंने कहा, "हम लोग अपनी-अपनी चिंताएँ करें ...दुनिया अपने आप ठीक हो जाएगी। सबकी चिंता करने का नाटक मैं नहीं करना चाहता...!"

मेरी बात सुनकर दुर्गा का चेहरा सफेद पड़ गया। कुछ कहते-कहते रुक गयी। मैं डर गया। बोला, "क्या हुआ ?...कुछ कह रही थीं तुम ?...क्या कहनेवाली थीं...?"

उसने एक लंबी साँस छोड़ी। फिर बोली, "नहीं...कुछ नहीं ! ...मैं कुछ और ही सोचकर आयी थी...! मैं चलती हूँ...!"

वह चलने लगी...तो मैं उसके साथ-साथ चलने लगा। जोर देकर मैंने कहा, "तुम्हें बताना पड़ेगा...तुम मेरे पास क्यों आयीं !"

तमतमाये चेहरे को मेरी तरफ उठाकर उसने कहा, "शर्मा ! ...तुम्हें सिर्फ अपनी पड़ी है।...कैसे परीक्षा हो...रिजल्ट निकले...और तुम अमरीका, इंग्लैंड जाकर बड़े आदमी बन जाओ...!"

मैंने ढिठाई से कहा, "...क्यों नहीं !...अगर मुझमें काबिलियत है...जबरदस्त टेलेंट है...तो मुझे बड़ा आदमी क्यों नहीं बनना चाहिए ?..."

उसके चेहरे पर नफरत का भाव आ गया...जैसे वह मेरे सामने ही थूक देगी। बोली, "जैसे ये बड़े आदमी हैं !...ये कांग्रेसी नेता ...ये मिनिस्टर...ये बड़े-बड़े अफसर...ठेकेदार...कॉलेज चलानेवाले ट्रस्टी !...थू है ऐसे बड़प्पन पर...!"

मुझे लगा कि मेरा बहुत बड़ा अपमान कर रही है। बोला, "...जो लोग खुद कुछ नहीं बन सकते...वे ही ऐसी बातें करते हैं...!"

चलते-चलते वह रुक गयी। उसी नफरत के साथ उसने कहा, "क्या नहीं बन सकते ?...कमीना ?...करप्ट...अपना घर भरनेवाला ? ...ये मोटी-मोटी किताबें...यह पढ़ाई-लिखाई...एजूकेशन...यह सारा ज्ञान...यह सब इसलिए है कि आदमी स्वार्थी बन जाए ?...कैरियर की बात सोचे...दौलत कमाने के तरीके की तलाश करे ? लात मारनी चाहिए ऐसे कुछ बनने को...!"

घूमकर तेजी से चली गयी...मैं वहीं खड़ा ताकता रह गया। ...दुर्गा का ऐसा चेहरा पहले कभी नहीं देखा था।...इतना गुस्सा ! ...इतनी नफरत !...लगा कि यही दुर्गा का असली रूप है। यह मैंने अब तक क्यों नहीं देखा था ? ...उसने एक बार फिर मुझे नीचे ...बहुत नीचे फेंक दिया था।...वहीं खड़ा रह गया। कुछ दूर पर दो सिपाही एक रिक्शेवाले को पीट रहे थे। रिक्शावाला गिड़गिड़ाकर कुछ कहने की कोशिश कर रहा था। पुलिसवाले लोगों की भीड़ की तरफ भी बेंत फटकार रहे थे।...मैं चुपचाप वहाँ से हट गया।

...यह क्या हो गया ?...दुर्गा कहाँ से कहाँ पहुँच गयी ? रात मैं सो नहीं सका। रूसो...वाल्तेयर...मांतेस्क्यू के नोट्स मेज पर वैसे

ही पड़े रह गये। अगली सुबह कहीं जाने का मन नहीं हुआ।...क्यों आयी थी दुर्गा मेरे पास ? जरूर कुछ चाहती थी। शायद ओझा, गुप्ता, राय वगैरा अंडरग्राउंड लड़कों के लिए कोई मदद चाहती थी।

दोपहर जब मैं लाइब्रेरी पहुँचा तो सनसनी और बढ़ गयी थी। चारों तरफ हथियारबंद पुलिस का घेरा पड़ा हुआ था। हर आते-जाते को शक की निगाहों से देखा जा रहा था। अंदर पहुँचा तो हाल सुनकर सन्न रह गया। विद्यार्थियों के छोटे-छोटे गुट यहाँ-वहाँ फुसफुसाकर बातें कर रहे थे। कुछ अंडरग्राउंड लड़कों को लड़कियों ने अपने हॉस्टल में छिपा लिया था। पुलिस लड़कियों के होस्टल में घुस गयी थी। वहाँ जो कुछ हुआ, उसका हाल सुनकर रोंगटे खड़े हो गये। पुलिस ने लड़कियों के साथ खूब मनमानी की थी। इंस्पेक्टर तिवारी का नाम बार-बार लिया जा रहा था।...रीडिंग हाल में किताब खोलकर बैठ तो गया...मगर कुछ समझ में नहीं आ रहा था कि क्या लिखा है ! बार-बार यही सोचता था कि...इस समय दुर्गा कहाँ है...क्या कर रही है ! साफ था कि परीक्षाएँ नहीं होंगी। लेकिन मैं दुर्गा के बारे में ही सोच रहा था।

शाम जब घर की तरफ रवाना हुआ...तो माहौल कुछ और ही दिखाई दिया। इस छोटे-से बेजान शहर में जैसे जान आ गयी थी। चौराहे पर विद्यार्थियों की एक भीड़ जमा हो गयी थी। हर जगह लड़कियों के हॉस्टल की बात चल रही थी। लोगों का कहना था कि इंस्पेक्टर तिवारी और कुछ कांस्टेबलों ने लड़कियों के साथ बलात्कार किया था। लड़कों के तेवर बदले हुए थे। पता नहीं क्या कर डालेंगे ...आगे आया तो पान के ठेलों, नुक्कड़ों और चाय की दुकानों पर हर तरह के लोग इसी बात की चर्चा कर रहे थे। मुझे लगा कि आखिर इन लोगों को हो क्या गया है ? ये लोग तो हमेशा सुस्त उदास खामोश दिखाई देते थे।...इनमें तो कोई जान ही नहीं होती थी।

घर आया तो माँ और पापा इंतजार कर रहे थे। दिवाकर मामा भी आये हुए थे। सब लोग डरे हुए थे। मैंने किसी से कोई बात नहीं की। सीधा अपने कमरे में चला गया।

रात जब खाने पर मेरी बुलाहट हुई तो मालूम पड़ा कि कस्बे की हालत सचमुच खतरनाक हो गयी है। लोग आपस में फुसफुसाकर बातें कर रहे थे। फिर भी मुझे पता चल गया। दो लड़कियों के साथ बलात्कार हुआ था। दोनों की हालत बहुत खराब थी। दोनों मिशन के अस्पताल में पड़ी हैं। खबर को बहुत दबाया गया था...फिर भी फैल गयी। दोनों लड़कियाँ ईसाई हैं। मगर कस्बे की हवा ऐसी है कि न कोई हिंदू रह गया है...न मुसलमान...न ईसाई ! मैं जब खाना खा रहा था...तो मुझे पता नहीं चला कि मैं क्या खा रहा हूँ ! न मुझे नमकीन समझ में आ रहा था...न मीठा...। रात भी इसी तरह गुजर गयी। बार-बार लग रहा था कि जो कुछ हो रहा है...उसके बीच ...किसी न किसी रूप में कहीं दुर्गा भी शामिल है।...क्या हो गया ? जिंदगी का जो सेंस खो गया था...उसे मिल गया है ? जो सबकुछ पीछे छूट रहा है...उसे खुद ही पीछे फेंककर दुर्गा आगे निकल गयी है ?

अगले दिन घर के लोगों ने मुझे बहुत रोका...लेकिन मैं कॉलेज के लिए निकल पड़ा। देबू मामा ने चलते वक्त कहा, "क्या होगा कॉलेज जाकर ?...परीक्षा-वरीक्षा तो अब होने से रही। मैं तुम्हारे लिए एक और प्लान बना रहा हूँ। बंबई चले जाओ। विजिटर बनाकर मैं तुम्हें स्टेट्स भेज दूँगा। फिर आगे देखेंगे क्या करना है...!"

मेरे मन में रत्ती-भर भी दिलचस्पी नहीं जागी। मूड बहुत खराब हो रहा था।...मौसम बदल रहा था। लगता था...हमारे छोटे से शहर की हवाएँ कुछ ज्यादा ही गर्म हो गयी हैं। कस्बे में चारों तरफ पुलिस की गारदें गश्त लगा रही थीं। मिशन अस्पताल के बाहर बहुत बड़ी भीड़ जमा हो गयी थी।...हमारे कॉलेज के प्रोफेसर त्रिपाठी पक्के कांग्रेसी हैं। नगरपालिका का चुनाव कांग्रेस के टिकट पर लड़ने जा रहे हैं।...विद्यार्थियों को बार-बार समझा रहे थे कि सब लोग अपनी-अपनी क्लासों में जायें। अस्पताल की तरफ जाने की जरूरत नहीं। ईसाई लड़कियों के साथ अगर कुछ हो गया है...तो हिंदुओं-मुसलमानों को इसमें पड़ने की क्या जरूरत ! ईसाई लड़कियाँ

तो होती ही ऐसी हैं। उनके साथ यह सब होता ही रहता है ! ...मैं हैरान था। ये वही त्रिपाठी हैं जो हमेशा...'हिंदू मुस्लिम सिख ईसाई...भाई-भाई' की बातें करते रहते हैं। मगर इधर क्रिश्चियन चर्च भी सरकार के साथ हो गया था। विद्यार्थियों से अपील कर रहा था कि वे सरकार का साथ दें। इसके बावजूद विद्यार्थी लोग क्लास में जाने के मूड में नहीं थे। हर तरफ अफवाहें गर्म हो रही थीं। लोग यहाँ-वहाँ बिखरे हुए थे। हर आदमी जान लेना चाहता था कि सच क्या है। हर तरफ सादी पोशाक वाले घूम रहे थे। कौन क्या है ...कहना मुश्किल है। ओठों पर उँगली रखो...एक-दूसरे को चुप रहने का इशारा करो ! दीवारों के भी कान होते हैं ! पता नहीं कौन क्या सुन रहा है।

...मेरे दिल में दहशत सी हो रही थी। पता नहीं क्या होनेवाला है।...इसी समय मैंने देखा कि दुर्गा तेजी से एक तरफ चली जा रही थी। इस दहशत के बीच अचानक बहुत खुशी हुई। मैं दौड़कर दुर्गा के पास पहुँच गया। उसके हाथों में किताबों का बैग था। मैंने कहा, "क्या हाल है दुर्गा तुम्हारा ?....यह क्या ?...लाइब्रेरी जा रही हो ?"

मुझे देखकर दुर्गा जैसे अचकचा गयी। मगर उसने चलना बंद नहीं किया। चलते-चलते ही बोली कि हाँ, लाइब्रेरी जा रही हूँ।"

मैंने कहा, "मगर क्यों ? परीक्षा तो अब होगी नहीं...!"

उसने कोई जवाब नहीं दिया। और भी तेजी से चलने लगी। मुझे लगा कि यह आखिर दुर्गा को हो क्या गया है। बोलती क्यों नहीं ? ...मैं भी उसी तरह तेजी से साथ-साथ चलता रहा। बोला, "तुम्हारी माँ अब कैसी हैं ?"

जैसे टालने के लिए उसने कहा कि ठीक हैं। ...यह इसे हो क्या गया है ?...नाराज है ? पहले भी नाराज होती थी...मगर चुप कभी नहीं रहती थी। डाँटना और बड़बड़ाना शुरू कर देती थी।... कुछ समझ में नहीं आ रहा था। ...मैंने कहा, "तुम...मुझसे नाराज हो ?"

वह चुपचाप उसी तरह चलती रही।

मैंने कहा, “नाराज हो तो बोल दो न !..मालूम हो जाये कि नाराज हो...!”

पहली बार खुलकर उसने कहा, “तुम अभी जाओ शर्मा ! मैं तुमसे बाद में बात करूँगी...!”

अचानक मुझे लगा कि दुर्गा होशियारी से चारों तरफ ताकती चली जा रही है।...मैं बिलकुल ही समझ नहीं पा रहा था कि आखिर हो क्या रहा है। ...हम लोग मेन गेट पर आ गये थे। दुर्गा जल्दी से निकल जाना चाहती थी ...कि सादी पोशाकवाले दो आदमी वहाँ आ गये। दुर्गा का चेहरा सख्त हो गया। एक ने पूछा, “कहाँ जा रहे हो तुम लोग ?”

कड़ी आवाज में दुर्गा ने कहा, “लाइब्रेरी में...!'

दोनों ने एक-दूसरे की तरफ देखा, फिर दूसरा बोला, “...बैग में क्या है ?”

और भी कड़ी आवाज में दुर्गा ने कहा, “मेरी किताबें हैं। क्यों ?”

वह तेजी से जाने लगी।

सादी पोशाकवालों ने फिर एक-दूसरे की तरफ देखा। फिर लंबे वाले ने लपककर दुर्गा की बाँह पकड़ ली। मैं घबरा गया। ठिंगनावाला चिल्लाया, “भागती कहाँ है ?...खोल, तेरे बैग में क्या है ?”

इस समय मुझे दुर्गा की चीख सुनायी दी। इसके बाद बैग के लिए छीना-छपटी और खींचतान शुरू हो गयी। दुर्गा ने बैग को कसकर पकड़ लिया था...लगातार चीख रही थी। रीवा-सतना के हट्टे-कट्टे पुलिसवाले बैग छीनने की पूरी कोशिश कर रहे थे। दुर्गा की चुन्नी अलग जा गिरी थी। कमीज का फटना शुरू हो गया था। शलवार के पाँयचे लथपथ हुए जा रहे थे। और भी पुलिसवाले आ गये थे। भीड़ इकट्ठा हो गयी थी। मेरा दिल धड़धड़ा रहा था। जबान तालू से चिपक रही थी...घिग्घी-सी बँधी जा रही थी। दुर्गा चीख रही थी ...“साले...कुत्ते...कमीने...छोड़...छोड़ मुझे...!” लंबावाला चीख रहा था...“मार साली को !...मार...छोड़ मत !...रंडी है यहाँ की !

...और लगा !...और लगा...!"

दुर्गा भीड़ में चारों तरफ देख रही थी...शायद मुझे ढूँढ़ रही थी ...मैं कहाँ हूँ !...एक बार लगा...आगे बढ़ूँ...दुर्गा के लिए पुलिस से लड़ जाऊँ !...लेकिन पुलिस से झगड़ा ?...मेरे फ्यूचर का क्या होगा ? ...पापा और देबू मामा...और तमाम लोग !...और मेरी जिंदगी... सुनहरा भविष्य ?...मैंने भीड़ में पीछे की तरफ हटना शुरू कर दिया। मैं वहाँ नहीं था जहाँ पहले था।

लेकिन इसी समय दुर्गा ने...अचानक बैग का मुँह खोकर उमड़ती हुई भीड़ की तरफ घुमा दिया। बड़े-बड़े अक्षरों में छपे परचे चारों तरफ उड़ने लगे। ...डोरा सिंह की अस्पताल में मौत ! ...लीला अब भी खतरे में। इंस्पेक्टर तिवारी और कांस्टेबलों के तबादले की कोशिश ...सरकार खबरें दबा रही है। ...पाँच बजे शाम कोतवाली पर बेधड़क मोरचा...धारा 144 तोड़िए !...लाखों की तादाद में शामिल होइए ! ...विद्यार्थी एकता जिंदाबाद ! ...छात्र-शक्ति जिंदाबाद !

अचानक बहुत-से वरदीवाले आ गये। दुर्गा पर टूट पड़े। कुछ वरदीवाले लोगों से परचे छीनने में लग गये।...कुछ फैले हुए परचे बटोरने में। पुलिस की एक लारी भी आ गयी। भीड़ की कोई सीमा नहीं थी। जहाँ मैं था...वहाँ से सिर ही सिर दिखायी दे रहे थे। दुर्गा कहाँ खो गयी पता नहीं चला। शोर भी बहुत हो रहा था। दुर्गा की चीखों का सुनाई देना भी बंद हो गया था।...लारी को लगातार रिवर्स किया जा रहा था। एक जगह उसे रोक दिया गया। तब मैंने पल-भर के लिए दुर्गा की झलक देखी। उसकी कमीज फट गयी थी। उघड़ा जिस्म कई जगह दिखायी दे रहा था। बाल चारों तरफ बिखरे हुए थे। चेहरे का बुरा हाल हो गया था। किसी ने धक्का देकर उसे लॉरी के फुटबोर्ड पर चढ़ाया। पल-भर के लिए उसने चारों तरफ देखा। मैं कहाँ हूँ ? मैं कहीं नहीं था। किसी ने एक और धक्का दिया। वह लॉरी के अंदर हो गयी। दो अफसर चढ़े। दरवाजा बंद हो गया। लॉरी तेजी से रवाना हो गयी...वरदीवालों ने अब भीड़ पर डंडे बरसाने शुरू कर दिये। गालियों की बौछार शुरू हो गयी।...मैं चुपचाप वहाँ से हट गया।

लेकिन बहुत दूर नहीं जा सका।...यह क्या हो गया !...जंगल ...पहाड़...मौसम...छोटी लाइन का स्टेशन !...कौन से गहरे गड्ढे में फेंक दिया है दुर्गा ने मुझे ! मैं कभी ऊपर नहीं आ सकता। अपना मुँह...उसे कभी नहीं दिखा सकता।...कोई मेरी मदद क्यों नहीं करता ?...ये रूसो...वाल्तेयर...हॉब्स...लॉक...सोशल कांट्रेक्ट...! कौन लोग आये थे जो रटा कर चले गये ! इसी घमंड को लेकर हमने सिर ऊपर उठाया...कि हमने सबकुछ रट लिया है। जो दूसरों को याद नहीं...हमें याद है।...घमंड के परदे में कायरता और कमीनेपन को पालते चले गये। गिरते चले गये...मगर मानते गये कि ऊपर उठ रहे हैं। यह ऊँचाई है...जहाँ हम चीखते हुए लोगों को अकेला छोड़ देते हैं...भीड़ में खड़े होकर तमाशा देखते हैं...अपनी ऊँचाई का अभिमान लेकर जिंदा रहते हैं..!

....बहुत देर तक यहाँ-वहाँ भटकता रहा। कुछ परचे अब भी लोगों के पास थे। पाँच सात दस लोगों के गिरोह एक साथ पढ़ते थे ...फिर गिने-चुने परचों को आगे बढ़ाकर कहीं और चले जाते थे। ...हर जगह सनसनी थी। कस्बा खामोश था। स्टेशन पर कोई गाड़ी नहीं थी। छोटी लाइन की मालगाड़ी की खुली हुई वैगनों में जंगली लकड़ी के लट्ठे लटके पड़े थे। लाइन पर काम करनेवाले मजदूर दिखायी नहीं दे रहे थे। बाहर की रेड़ियाँ और हाथगाड़ियाँ गायब हो गयी थीं। जहाँ लोग थे...चुप थे। इस चुप्पी से मुझे डर लग रहा था। लगता था...सारी खामोश हवाएँ जानती हैं कि मैं कितना कायर... कितना छोटा आदमी हूँ। कोई कोना नहीं है जहाँ अपना मुँह छिपा सकूँ...!

मैं घर लौट आया। देबू मामा अब तक नहीं लौटे थे। पापा भी बाहर ही थे। नौकर ने आकर बताया कि मिशन अस्पताल के बाहर बहुत भीड़ जमा हो गयी है। लोग आते जा रहे हैं। हजूम बढ़ता जा रहा है। खबर है कि दूसरी लड़की भी मर गयी। कॉलेज के छोकरे पागल हो रहे हैं। पता नहीं क्या कर डालेंगे। घंटे-भर बाद पापा का फोन आया। सुनील घर पहुँचा है कि नहीं ? शहर की हालत बहुत

खराब है। जब लीला मरी तो इंस्पेक्टर तिवारी और कुछ कांस्टेबल मिशन अस्पताल में ही थे। डेथ सर्टीफिकेट बदलवाने की कोशिश की जा रही थी। स्टूडेंट्स को मालूम हो गया था। तिवारी को अपने कब्जे में लेना चाहते थे। डॉक्टरों ने पुलिसवालों को एक एंबुलेंस में भगा दिया।...सुनील को घर से बाहर निकलने मत देना।...मम्मी ने फोन बंद कर दिया। मुझे समझाया, "सुनील ! बेटा घर से बाहर मत जाना ...अच्छा !" मुझे बहुत गुस्सा आया। पैर पटकता हुआ अपने कमरे में चला आया !

...जब शाम हो गयी...पापा और देबू मामा साथ-साथ आये। उनके बदहवास चेहरे घबराहट से पीले पड़ गये थे।...शहर में कर्फ्यू लग गया है। लड़कों ने कोतवाली में आग लगा दी। एस.आर.पी. पहुँच गयी है। जगह-जगह गश्त लगा दी गयी है।...मम्मी आजकल के लड़कों को कोसने लगीं। पापा ने सिर्फ इतना कहा कि बड़े शहरों की हवा अब हमारे कस्बे में भी आ गयी है। उन्हें चिंता हो रही थी कि जंगल का जो ठेका उन्होंने हाल ही में लिया है...उसमें कहीं कोई रुकावट न आ जाये।...मगर देबू मामा कुछ और ही सोच रहे थे।...

रात जब खाने की मेज पर मेरा बुलावा हुआ...तो मैंने खाने से इनकार कर दिया। बारी-बारी सभी ने मेरे कमरे का दरवाजा खटखटाया...लेकिन मैंने दरवाजा नहीं खोला। सभी ने पूछा कि क्या बात है। मैंने बार-बार यही कहा कि कोई बात नहीं है...बस, जी अच्छा नहीं है।...सभी को मेरी फिक्र हो रही थी।...एक पल के लिए भी सो नहीं सका। मेज पर पड़ी किताबों-कॉपियों की तरफ देखने का मन नहीं होता था।...

लेकिन अगली दोपहर खाने की मेज पर सबके साथ शामिल हो गया। किसी ने मुझसे कुछ नहीं कहा।...आज की खबर और भी खराब थी। कोतवाली को जो आग लगायी गयी थी उसमें कुछ हवालाती जल गये थे।...कुछ भाग गये थे...चारों तरफ सैकड़ों विद्यार्थियों को गिरफ्तार किया जा चुका था। हल्के से शक पर पुलिस पकड़ लेती थी। ...जब दुर्गा को परचों के साथ पकड़ा गया था...

मैं भी उसके साथ था। बहुत से लोगों ने हम दोनों को साथ-साथ देखा था। ...पापा के चेहरे पर हवाइयाँ उड़नें लगीं। मम्मी रोने लगीं। ...ये सारी खबरें देबू मामा लाये थे। मेज पर सन्नाटा छा गया था। लोगों ने खाना बंद कर दिया था...मगर मैं...उसी तरह चुपचाप खाना खाता रहा।...बड़ी देर बाद पापा ने कहा, "...तो फिर ?...पुलिस कुछ कार्रवाई करेगी...?"

देबू मामा के माथे पर चिंता की रेखाएँ थीं। बोले, "कर भी सकती है ...नहीं भी कर सकती।...टाइम बहुत बुरा है। हम किसी को कुछ समझा भी नहीं सकते...!"

मैं चुपचाप खाना खाता रहा।

अचानक देबू मामा बोले, "इस समय यहाँ से हट जाना ही अच्छा है। वैसे भी परीक्षा-वरीक्षा अब कुछ होगी नहीं। यहाँ पड़े रहने में कोई फायदा नहीं। ...तुरंत हट जाने से खतरा टल जायेगा...!"

मेरे हाथ कुछ ढीले पड़ गये। मामा बोले, "बंबई में ही आगे का कुछ रास्ता निकलेगा।...कल सुबह...बल्कि आज शाम ही...मैं सुनील को लेकर निकल जाता हूँ। रुकने में खतरा हो सकता है। पुलिस पागल हो रही है.. !"

मैंने खाना बंद कर दिया। उठकर बेसिन पर हाथ धोने लगा। मम्मी ने कहा, "क्या हुआ ?...खाना क्यों छोड़ दिया...?"

अचानक...पता नहीं कैसे...मैंने कहा, "मैं बंबई-फंबई कहीं नहीं जाऊँगा। यहीं रहूँगा। पुलिस पकड़ती है...तो पकड़ ले...!"

कमरे में सन्नाटा छा गया।...मम्मी ने कहा, "पागल हो गया है तू...!'

डाँटकर पापा बोले, "...क्या हो गया है तुमको ?...कल तक तो तुम एक पाँव पर तैयार थे बंबई जाने के लिए...!"

जैसे चीखकर मैंने कहा, "मगर अब नहीं हूँ...बिलकुल नहीं हूँ। ...दोबारा मुझसे कहना मत बंबई जाने के लिए...!"

अब कमरे में पूरी तरह सन्नाटा छा गया। मेरी समझ में नहीं आ रहा था...यह मुझे हो क्या गया है।...मैं फौरन अपने कमरे में

पहुँच जाना चाहता था...कि गंभीर आवाज में देबू मामा ने पूछा, "सुनील...तुम इन लोगों में शामिल हो...?"

और भी जोर से चीखकर मैंने कहा, "नहीं...मैं इन लोगों में शामिल नहीं हूँ। शायद हो भी नहीं सकता। आगे वही सब करता रहूँगा जो अब तक करता रहा हूँ।...यही जीवन बिताता रहूँगा।... लेकिन मैं अब...पहले की तरह नहीं हो सकता...! कभी नहीं हो सकता !...कभी नहीं !...कभी नहीं...!"

सब लोग ताज्जुब से मेरी तरफ देख रहे थे। पैर पटकता हुआ मैं अपने कमरे में चला गया...कमरे का दरवाजा मैंने जोर से बंद कर लिया...!

(1984)

मुहब्बत

जरूरी नहीं है फूला बाई का जिक्र। फिर भी एक बस्ती है जिसे सबने देखा है। पहली बार मैं भौंचक रह गया था। पुराने मकानों में अजीब-अजीब लोग रहते थे...दूर दूर से आये हुए लोग। लगता था, पिछड़ गये हैं। आगे बढ़ने की लड़ाई में लगे हुए हैं। कुछ लड़कियाँ थीं, जो वेश्याएँ थीं। कुछ लड़के दलाल थे। दिन-भर लोग खामोश रहते थे...सोये हुए। शाम से हलचल शुरू होती थी। पूरी सड़क गाड़ियों, दलालों और ग्राहकों से भरी होती थी। बड़े-बड़े होटलों की बत्तियाँ चमकने लगती थीं। इनमें पाँच या तीन तारे होते थे या किसी में कोई तारा नहीं होता था। तारे दिखायी नहीं देते थे। हम उन्हें सिर्फ महसूस कर सकते थे।

दूर-दूर देशों के लोग यहाँ आते थे। देखकर पता चलता था कि गोरे हैं...अरब हैं। लोग खास तौर पर अरबों के आने का रास्ता देखते थे। दुकानों, होटलों, लड़कियों और दलालों को अरबों का इंतजार होता था। भिखारियों, बाजीगरों, हिजड़ों को भी अरबों का इंतजार होता था। होटल के अपने-अपने कमरों की ऊँचाइयों से अरब लोग नीचे की दुनिया को देखा करते थे...यहाँ हिजड़े नाचते थे, बाजीगर खेल दिखाते थे। भिखारी औरतें-बच्चे भीख माँगते थे। नटों के बच्चे सर्कस करते थे। हर खेल के बाद एक ही सवाल होता था—गरीब...भूखा ...पेट के लिए खाना...अल्ला...रफीक...रहम कर ! सूखे, दुबले, फटेहाल हिंदुस्तानी अपना खाली पेट पीटते थे। औरतें काले बीमार

बच्चे दिखाती थीं। अरब...रफीक...रहमदिल अल्लाह के नाम पर ऊपर से नोट फेंकते थे। दुबले क़ाले इनसान उन पर टूट पड़ते थे। सबमें समझौता हो गया था। नोटों को लेकर लड़ाइयाँ होती थीं...फिर नहीं होती थीं। लेकिन फिर और माँगते थे...अल्लाह के नाम पर...रफीक ...रहमदिल...! अब अरब सिर्फ हँसते थे। कभी-कभी कागज के टुकड़े फेंकते थे। भीड़ एक बार फिर दौड़ पड़ती थी।

हम सब लोग खुश थे। यहाँ रहना जरूरी था। सारी दौलत यहीं थी। सबकुछ यहीं था। सिर्फ रहने की जगह नहीं थी। इसका भी इंतजाम हो गया था। एक कोना था...एक खाट काफी थी। यहीं मैंने फूलबाई को देखा था। पचपन या साठ साल की थकी हुई काली औरत ...बालों में बदरंग खिजाब लगाये हुये। बालों की जड़ें सफेद हो रही थीं। कई जगह सफेद बाल छूट भी गये थे। आते-जाते एक बार उसने मुझे गौर से देखा था। दूसरी बार मुस्करायी थी। तीसरी बार उसने आँख मार दी थी। मुझे क्या हुआ था, मालूम नहीं। शायद मैं घबरा गया था। इससे पहले किसी औरत ने ऐसा नहीं किया था। उस दिन से मैं होशियार हो गया था। आते-जाते हमेशा दूसरी तरफ देखता था। लेकिन फिर भी चीजें ठीक नहीं हो रही थीं। किसी न किसी तरह फूला सामने आ जाती थी। और ज्यादा बनी-ठनी, और ज्यादा थकी हुई। जरा-सा खाँसती। फिर आँखों के कोनों से ताकती। वही मुस्कराहट। मैं परेशान हो गया था।

मगर लोग अब भी उसी तरह चल रहे थे। सूरज समंदर में डूब जाता था। पुराने मकानों में लड़कियाँ बन-ठनकर तैयार हो जाती थीं, टैक्सियाँ या कारें उन्हें होटलों में पहुँचा देती थीं। सामने की बड़ी इमारत की बत्तियाँ चमकती रहती थीं। अमीर हिंदुस्तानियों और अरबों की गाड़ियाँ वहाँ जरूर आती थीं। यह इमारत होटल नहीं थी। इसके फ्लैटों में शरीफ लोग रहते थे। लेकिन लड़कियाँ वहाँ भी होती थीं। दलाल वहाँ भी घूमते थे। मैं अक्सर उकता जाता था। समंदर की लहरें भी दिल नहीं बहलाती थीं। गाँधी की मूर्ति आँखें बंद किये मुस्कराती रहती थी। प्रेमी लोग लिपटते रहते थे। भिखमंगे...हिजड़े

...दलाल...ठेलेवाले...सब अपना काम करते रहते थे। मगर मुझे ? ...मुझे क्या तकलीफ थी ? मालूम नहीं।...इस समय मुझे फूलाबाई का खयाल आ जाता था।

बड़ी इमारत के एक फ्लैट से कोई अक्सर यही नाम पुकारता था। फूला फौरन अंदर चली जाती थी। अंदर शायद काम करती थी। फिर बाहर आ जाती थी। एक बीड़ी लेकर बैठ जाती थी। लेकिन फौरन ही फिर पुकार होती थी। दम लेने की फुरसत भी नहीं मिलती थी। दुकानों से सामान ले-लेकर अंदर पहुँचाती थी। होटल से चाय ...दुकान से पान-सिगरेट वगैरह...उकता कर कभी-कभी मैं सोचता था कि मेरी सही जगह क्या है ! इस भीड़ में मुझे किस तरफ जाना है ? क्या मैं भी आगे बढ़ूँ और दलालों की दुनिया में शामिल हो जाऊँ? गाँधी की मूर्ति के पास अरबों और अमीरों के सौदे पटाना शुरू कर दूँ ?

रात लेकिन हमेशा बहुत हो जाती थी। कभी आखिरी बस मिलती थी, कभी नहीं। जूते घसीटता हुआ मैं पैदल उस ठिकाने पर पहुँच जाता था, जहाँ मेरी खटिया थी। पार्टनर कभी ड्यूटी पर होता था, कभी सोता रहता था। इधर जब से वह घर गया था, रात को लौटने पर खोली मुझे काटने दौड़ती थी। जितना ज्यादा हो सकता था, मैं बाहर रहता था। इस समय, जब मैं स्टेशन से बाहर आया, आखिरी बस जा चुकी थी। घड़ी में डेढ़ बज रहे थे। खाली रास्ते पर मैंने चलना शुरू कर दिया था। दारू के अड्डे खुले हुए थे। मीट-अंडे के खोमचों के पास भीड़ थी। रंडियों की तलाश अब भी जारी थी। ...ठिकाने पर पहुँचते दो-ढाई बज गये। सारी जगह सुनसान लगती थी। सिर्फ फ्लैटों की बत्तियाँ जल रही थीं। शायद कोई नशे में चीख रहा था। अँधेरे गलियारे से जब मैं गुजरा, तो लगा कि कोई खड़ा है। फूला बाई थी...मैं पहचान गया। पल-भर रुककर मैं आगे निकल गया।

लेकिन चाभी मेरे पास नहीं थी। शायद कहीं गिर गयी थी। या कहीं रह गयी थी। मैं समझ नहीं पाया कि क्या करूँ। देर तक

वहीं खड़ा रहा। फिर बाहर आ गया। फिर अंदर चला गया। इस तरह दो-तीन चक्कर हो गये। मुझे देखकर अब कुछ कुत्तों ने भौंकना शुरू कर दिया। इस समय फूला बाई अँधेरे से उजाले में आ गयी। मैंने देखा कि चेहरे पर बहुत-सा पाउडर लगाया गया है। बदरंग बालों में मुरझाया हुआ एक गजरा अटका हुआ है। एक अजीब-सी साड़ी पहनी थी जो न जाने कब नयी रही होगी। पहली बार मुझे मालूम हुआ कि फूला भी रोज रात शायद ग्राहक तलाश करती है। पहली बार उसने मुझसे कहा, "क्या हो गया ? चक्कर क्यूँ लगाते ?"

मेरी समझ में नहीं आया कि क्या करूँ ! फिर भी मैंने कहा, "मेरी किल्ली गुम हो गयी ! खोली पे लॉक है !"

इस समय रात पूरी तरह सुनसान थी। बड़ी इमारत के 'मसाज पार्लर' से निकलकर कोई बड़ा आदमी कार का दरवाजा खोल रहा था। हलके उजाले में फूला चुपचाप खड़ी रही। मैं चलने लगा, तो बोली, "जरा रुको तो !...कैसा ताला है तुम्हारा ?"

हिचकिचाकर मैंने उसे ताले के बारे में बताया। बोली, "ऐसा करो...हमारी किल्ली लगा के देखो ना !"

उसकी चाल में लड़खड़ाहट थी। जब इमारत से लौटी, तो हाथ में चाभियों का गुच्छा था। मैंने कई चाभियाँ लगायीं। एक भी नहीं लगी। फिर उसने कोशिश की। चाभियों पर चाभियाँ बदलती रही। पता नहीं कैसे, ताला खुल गया। मैं पल-भर वैसे ही खड़ा रह गया। अंदर जाकर बत्ती जलायी। अपने आप ही फूला अंदर आ गयी। इस समय मेरी हिम्मत नहीं हो रही थी कि उसकी तरफ देखूँ। लेकिन मैं उसे देखने लगा। वह चेहरा उस उजाले में और भी काला, थका, बूढ़ा लग रहा था। बालों का बदरंग खिजाब, झुर्रियों पर पाउडर की परतें और पुती हुई लाली। मुझे क्या लगा, मालूम नहीं, शायद बहुत बुरा लगा। शायद थोड़ा दुख हुआ।

फूला बोली, "मैं तुमकू...आते-जाते रोज देखती।" अब उसके होंठ धीरे-धीरे काँपने लगे। मुँह के कोनों में लार इकट्ठा हो गयी। रुककर बोली, "तुम कि नईं...मेरे कू भोत अच्छे लगते।"

एकाएक ही मैं कुछ बोल नहीं सका। अजीब-सी चुप्पी पल-भर छायी रही। अब फूला सँभल गयी। बोली, "तुमकू लगता कि मेरी उमर भोत जास्ती। नईं क्या ? पर मैं सच्ची बोलती, मेरी उमर जास्ती नईं है।"

मुझे मालूम नहीं था...मैं क्या कहूँ। फिर भी मैंने कहा, "नईं, ये बात नईं। तुम मेरे को गलत समझा। मैं ऐसा आदमी नईं हूँ।"

उसी तरह फूला ने कहा, "नईं सब आदमी लोग कमती उमर की छोकरी से मोहोबत करते, पर मैं सच्ची बोलती, मेरा उमर जासती नईं। तब्बेत थोड़ा बिघड़ गया, बस !"

मैंने जैसे जिद करते हुए कहा,"नईं, तुम मेरे को समझा नईं। मैं वो टाइप का आदमी नईं, मैं तुमकू बहुत अच्छा समझता... पर...!" बोलते बोलते मैं रुक गया। मालूम नहीं, क्या कह देता। फूला जैसे और सँभल गयी। बोली, "देखो ना, मैं तुमकू भोत पसंद करती। आते-जाते हमेशा देखती। तुम अकेले...मैं अकेली।...मैं तो तुमकू...बोले तो...मोहोबत करती। मैं और भी जास्ती मोहोबत करूँगी। क्यूँ ? तो इस वास्ते कि मेरे कू भी मोहोबत मँगता। थोड़ा हेल्प मँगता।"

सुनसान रात के तीन बजे...एक अकेले कमरे में...फूला मुझसे मुहब्बत और हेल्प की भीख माँग रही थी। उसके लिपे-पुते चेहरे पर अचानक इतनी बेबसी दिखायी दी कि मुझे बहुत तकलीफ हुई। लेकिन मैंने कहा, "नईं बाई, तुम मेरी बात समझो। मेरे को तुमसे कोई नफरत नईं है, पर मैं...मैं वो टाइप का आदमी ही नईं हूँ। नईं समझीं ?"

फूला ने कुछ नहीं कहा। अब उसका काला चेहरा और ज्यादा काला हो गया था। अब उसे कोई आशा नहीं थी। बड़ी देर तक उसी तरह चुपचाप खड़ी रही। धीरे-धीरे बोली, "उमर जास्ती होने से क्या होता ? मोहोबत नईं मँगता ? हेल्प नईं मँगता ?"

मैं चुप रहा। आखिर फूला ने कहा, "चलो, जाने दो। कोई बात नईं। पर एक बात बोलूँ क्या ?"

मैं उसी तरह उसकी तरफ देखता रहा। वह बोली, "मेरे कू थोड़ा

पैसा मँगता। चार-पाँच रुपिया...उधारी। मैं जल्दी वापस कर देऊँगी। भरोसा करना, सच्ची बोलती...।''

इस तरह फूला बाई से मेरी पहली बातचीत खतम हुई। मैं अब भी उसी रास्ते आता और जाता था। बीड़ी फूँकती हुई फूला मुझे देखती थी। मुस्कराती थी। लेकिन उसकी मुस्कराहट में अब पहलेवाली बात नहीं थी। मेरे पास पैसों की बहुत कमी थी। फिर भी थोड़ा कुछ मैंने उसे दे दिया था। लेकिन बातचीत कभी नहीं हो पाती थी।

लेकिन एक रात...जब बिन कुछ खाये-पिये मैं सोने की कोशिश कर रहा था, दरवाजे पर दस्तक हुई। सामने फूला खड़ी थी। उसके मैले आँचल में कुछ ढँका हुआ था। कुछ चिड़चिड़ाकर मैंने कहा, ''क्या है ?''

आँचल के नीचे से एक रकाबी उसने मेरी तरफ बढ़ा दी। खोली में एक ख़ुशबू सी फैल गयी। प्लेट में पुलाव या इस तरह की कोई चीज थी। मैं उसकी तरफ देखता रह गया। उसने कहा, ''सुबू को प्लेट ले जाऊँगी। ऐसा खाली पेट नईं सोने का ?''

मुझे ताज्जुब हुआ था। उसको किसने बताया कि शाम मुझे खाना नहीं मिला था ?

इसके बाद कई बार ऐसा होने लगा। गुजरते समय कई बार वह मेरे चेहरे को देखती। उसे बहुत कुछ मालूम हो जाता था। कई बार उसने मुझे रोका। अंदर जाकर चुपचाप कोई रकाबी या प्लेट ले आती। लेकिन बातचीत अब भी नहीं होती थी।...

लेकिन अब वह मुझे बाहर भी मिलने लगी थी। समंदर के किनारे गाँधी की मुस्कराती मूर्ति के पास कभी-कभी बीड़ी फूँकती हुई बैठी रहती थी। धीरे-धीरे मैंने उसके पास बैठना शुरू कर दिया था। अब वह ज्यादा थकी, ज्यादा हारी हुई मालूम होती थी। काम अब उससे होता नहीं था। 'मसाज पार्लर' में काम बहुत कराते थे। रात को काम होता था। दिन में भी काम होता था। 'पार्लर' में कई लड़कियाँ

थीं। रात को ये अरबों और हिंदुस्तानी रईसों की 'मालिश' करती थीं। बंद कमरों के अंदर से लगातार फूला की पुकार होती रहती थी। कभी यह पहुँचाओ...कभी वह पहुँचाओ। शराब...बर्फ...सोडा...सिगरेट... । बीच-बीच में लंबी चुप्पियाँ छा जाती थीं। खाना भी पकाना पड़ता था। बड़ी रात लड़कियाँ बहुत थक जाती थीं। फौरन खाना माँगती थीं। फूला को बहुत गालियाँ देती थीं। नशे में कभी-कभी मारना शुरू कर देती थीं। कहाँ का गुस्सा कहाँ निकालती थीं। कोई-कोई कस्टमर खाना भी खाते थे। ये लोग खूब पैसा लुटाते थे। इतना पैसा है इनके पास कि सोच भी नहीं सकते। मगर लड़कियों को बहुत कम मिलता था। 'पार्लर' के फ्लैट का भाड़ा ही पंद्रह हजार रुपिया महीना था। बचा हुआ बहुत-सा रुपिया 'पार्लर' वाला ले जाता था। कुछ दलाल लोग ले जाते थे। लड़कियों के लिए थोड़ा-सा बच जाता था। बस अच्छी तरह पहन-ओढ़ लेती थीं। लड़कियाँ बड़े बेमन से काम करती थीं, कई बार बुरी तरह पीटी जाती थीं। कुछ को चरस...और पता नहीं क्या-क्या की लत लग गयी थी।

दिन-भर भटककर शाम मैं अक्सर मूर्ति के चबूतरे पर बैठ जाता था। इस समय मुझे फूला का इंतजार होता था। अपने दिल का सारा गुबार अब मैं उसके सामने निकालने लगा था। लेकिन अक्सर वह नहीं आ पाती थी। कई बार मूर्ति के पास रोशनी की जाती थी और भाषण होते थे। लेकिन टैक्सीवाले अरब अमीरों को यहाँ ले आते थे। इनके साथ हिंदुस्तानी या नेपाली लड़कियाँ होती थीं। छोटी-छोटी लड़कियों को अच्छे-अच्छे कपड़े पहनाकर अरब लोग इन्हें सैर कराने लाते थे। इन सूखी मुरझायी लड़कियों पर फॉरेन की जीन्स और कमीजें बड़ी अजीब लगती थीं। इन कपड़ों को पहली बार पहनकर ये लड़कियाँ बहुत खुश दिखायी देती थीं। हिंदुस्तानी दलाल और टैक्सी ड्राइवर हाथ बाँधे पीछे-पीछे चलते थे। बीच-बीच में छोटी लड़कियों को डाँट-डाँटकर बताते रहते थे कि कैसी हरकत करनी चाहिए और कैसी नहीं ! रेत के किनारे के रेस्तराँ और होटल बहुत ऊँचे और महँगे थे। अरब लोग इन लड़कियों को वहाँ जरूर ले जाते थे। उस समय ऐसे खाने को

पहली बार देखकर इन लड़कियों की आँखों में पता नहीं कैसी चमक आ जाती थी। फिर इस तरह खातीं कि बस देखते ही बनता था। अरब लोग इन लड़कियों को बहुत खुश रखते थे। कभी घोड़ों पर बिठाते, कभी ऊँट पर, तरह-तरह से इनकी रंगीन तस्वीरें उतरवाते थे, इतनी खुशियाँ एकसाथ पाकर ये छोटी-छोटी लड़कियाँ उछल-उछलकर कभी यह माँगती थीं, कभी वह।

यह सब देख-देखकर फूला को बहुत गुस्सा आता था। एक दिन झल्लाकर बोली, "सुनते क्या ? एक दिन इनका भी वोई हाल होगा, जो मेरा ह्या है। मेरे कू भी ये सब में भोत मजा आता था !"

अचानक फूला जैसे रुआँसी हो गयी !...हो सकता है, यह सही हो ! शायद कभी फूला का भी जमाना रहा हो। शायद यह बात सच हो कि दूर-दूर से लोग फूला का पता लगाकर आते थे।...दलाल लोग बड़े-बड़े ग्राहकों को हमेशा फूला के बारे में बताते थे। लेकिन फूला की इस हालत को देखकर, पता नहीं क्यों, उसकी इन बातों पर भरोसा नहीं होता था।

इधर वह कुछ ज्यादा ही चिड़चिड़ाने लगी थी। हर चीज...हर बात पर झल्ला उठती थी। अब सिर्फ लड़कियों, दलालों, पार्लरवाले को ही नहीं कोसती, सारी-सारी दुनिया को गालियाँ देती थी।...

एक शाम, जब सूरज को डूबे काफी समय बीत गया था, गाँधी की मुस्कराती मूर्ति के पास हम दोनों बैठे थे। जोड़े प्यार कर रहे थे। लड़कियाँ ग्राहक तलाश कर रही थीं। हिजड़े नाच रहे थे और भिखारी भीख माँग रहे थे। फूला कुछ ज्यादा ही चुप थी। मैं भी चुपचाप उन तमाम लोगों को देख रहा था जो बहुत खुश दिखायी दे रहे थे। अचानक मैंने महसूस किया कि फूला मेरे पास सरक आयी है। लेकिन मैं अनजान बना रहा। वह कुछ और पास आ गयी। उसके शरीर का इतना पास होना मुझे बहुत ज्यादा तकलीफ देने लगा ! फिर भी मैं बैठा रहा। अब उसने हाथ मेरे कंधे पर रख दिया और बोली, "ऐसा क्या करते ! चलो ना, अपुन चलेगा...किधर भी ! अपुन मोहोबत करेगा !"

मैं अब भी उसी तरह बैठा रहा। उसका मुँह अब मेरे बहुत करीब आ गया था। उसने कहा, "सच्ची, मैं तुमकू भोत मोहोबत करता...भोत ! ऐसा क्या करते, चलो ना किधर भी !"

अब मैं उठकर खड़ा हो गया। मैंने कहा, "एक बार बोला ना तुमको, मैं वो टाइप का आदमी नईं, समझ में नईं आता क्या ?"

मेरी आवाज में शायद कुछ गुस्सा था। पल-भर वह उसी तरह बैठी रही। फिर खड़ी हो गयी। इस समय मैंने महसूस किया कि वह भी बहुत ज्यादा गुस्से में है। उसका काला चेहरा उस धुँधले अँधेरे में काँपने लगा। बहुत ही नंगी गालियाँ देकर वह बोली, "जा रे साला ...जा-जा ! तू क्या मोहोबत करेंगा ! हिजड़ा ! तेरा बाप भी मोहोबत नईं कर सकता ! साला...कलेजा मँगता...कलेजा...मोहोबत के वास्ते ! तेरा बाप भी कभी किया क्या मोहोबत ! तू...तू...तू...तो...!"

इसके बाद नंगी गालियों की कोई हद नहीं रही। मैं चुपचाप उसे देखता रहा। मेरे मन में अब कोई गुस्सा नहीं था। उन गालियों का मुझे बुरा भी नहीं लग रहा था। उसे देखकर मुझे कुछ तकलीफ हो रही थी। वह बोलती रही...मैं सुनता रहा। वह थक गयी... लड़खड़ाती हुई चली गयी। मैं उसी तरह धुँधले अँधेरे में खड़ा रह गया। सागर की लहरों के थपेड़े पास आते गये और लोगों का शोर कम होता गया। लेकिन अब भी मेरी समझ में नहीं आया कि क्या करूँ।

लेकिन इसके बाद फूला ने मेरी तरफ देखना बिलकुल बंद कर दिया। कई बार मैं पास से गुजर जाता था, फिर भी वह मेरी तरफ नहीं देखती थी। क्या वह मुझसे हमेशा नाराज रहती थी ? मुझे ऐसा नहीं लगता था। लगता था कि कोई सवाल है। शायद जिंदगी का सवाल ! इस सवाल से अब वह अकेले ही लड़ेगी ! अब उसे किसी की जरूरत नहीं है। मैं भी उसके लिए बेकार हूँ।...या शायद बहुत थक गयी है। अब किसी को देखना...किसी से बोलना उसे अच्छा नहीं लगता।

लेकिन मैं फूला से बोलना चाहता था। एक दिन मैं बहुत ज्यादा

दुखी हो गया था। इधर दफ्तरों और कंपनियों में लोगों को सिर्फ छह महीनों के लिए काम पर रखा जाता है। इससे काम करनेवाले हमेशा टेंपरेरी रहते हैं। उनके परमानेंट होने का कोई खतरा नहीं होता। हर छह महीने के बाद उन्हें काम से अलग कर दिया जाता है। इसके बाद नया अप्वांइटमेंट दिया जाता है। इस बार कंपनी ने मुझे नया अप्वाइंटमेंट देने से इनकार कर दिया। अचानक ही मैं बेकार हो गया। इतना परेशान मैं पहले कभी नहीं हुआ था। लगा कि खूब रोऊँ। उस दिन बहुत मन हो रहा था कि फूला से सबकुछ कह दूँ। लेकिन मूर्ति के चबूतरे पर उसने आना बंद कर दिया था। लौटते समय रास्ते में मिली जरूर, लेकिन मुझे देखकर भी अनदेखा कर दिया। मैं वहाँ से बार-बार गुजरा, मगर उसने मेरी तरफ देखा तक नहीं, उस समय मुझे उस पर गुस्सा भी बहुत आया।...

मेरा रूम पार्टनर हमेशा सोता रहता था। उसकी ड्यूटी हमेशा रात को रहती थी। मेरी उसकी बातचीत बहुत कम हो पाती थी। अब मैं अकेला ही सागर किनारे दूर-दूर तक घूमता रहता था। इस इलाके में नयी-नयी और ऊँची-ऊँची बिल्डिंगें खूब बन रही थीं। हम लोग इन्हें बस देख सकते थे। मैंने सुना था कि बिल्डर लोग एक-एक फ्लैट के कई-कई लाख रुपये लेते हैं। बहुत-से बड़े-बड़े स्मगलर लोग बिल्डर बन जाते हैं। बहुत से लोग लाखों रुपये देकर ये फ्लैट खरीदते हैं। फिर लाखों रुपये खर्च कर फ्लैटों को सजाते हैं। ये सारी बातें सुनता था...लेकिन मुझे भरोसा नहीं होता था। मैंने यह भी सुना था कि लोग बहुत जल्द अमीर हो जाते हैं। इस बात पर भी मुझे भरोसा नहीं होता था।

इन दिनों मेरे मन में फूला से बात करने की बड़ी इच्छा होती थी। दिन भर धक्के खा-खाकर शाम जब मैं लौटता था, तो हर रोज मेरे पास एक नयी कहानी होती थी। ये कहानियाँ अक्सर निराशा, बेइज्जती और दुख की कहानियाँ होती थीं। काम मिलना बड़ा मुश्किल हो रहा

था। हर जगह अपने-अपने लोगों को काम दिया जा रहा था। ये सब कहानियाँ मैं पहले की तरह ही फूला को सुनाना चाहता था। लेकिन अब फूला ने दिखायी देना भी बंद कर दिया था।...

एक दिन जब मैं लौटा, तो बहुत खुश था। अगले दो-चार दिनों में मेरा काम पर लगना पक्का हो गया था। उम्मीद थी कि इस बार छह महीनेवाली नौकरी नहीं होगी। पक्का हो जाने की पूरी आशा थी। मैं इतना खुश था कि किसी भी हालत में फूला से बात करना चाहता था। काफी रात तक मैं मूर्तिवाले चबूतरे पर बैठा रहा। मेरे सामने हँसते-खेलते लोग गुजर गये। मेरे सामने सूरज पानी में डूब गया। लेकिन फूला नहीं आयी। यह कोई नयी बात नहीं थी। रात तक बैठकर मैं वहाँ से उठ गया। इमारत के सामने से गुजरते-गुजरते मैंने कई बार उधर देखा। फूला कहीं दिखायी नहीं दी। यह भी कोई नयी बात नहीं थी। लेकिन इस बार मुझे कुछ अजीब-सा लगा। मुझे फिर खयाल आया कि पिछले कई दिनों से मैंने उसे नहीं देखा है। क्या हुआ ? क्या वह कहीं और चली गयी ? इस खयाल से मैं कुछ परेशान हो गया। मैं किसी से फूला के बारे में पूछना चाहता था। लेकिन यहाँ कोई किसी से बात ही नहीं करता था।

दो-तीन दिन और गुजर गये। 'मसाज पार्लर' की बत्तियाँ बड़ी रात तक चमकती रहती थीं। बार-बार आते हुए...जाते हुए...मैंने ध्यान से देखा, फूला कहीं नहीं थी। मुझे मालूम हो गया, फूला कहीं चली गयी। शायद मुझे काफी बुरा लगा। लेकिन मैं ऊँची इमारतों में रहनेवाले लोगों की बातें सोचने लगा। लाखों रुपये खर्च करनेवाले लोगों की बातें सोचने लगा। स्मगलरों, बिल्डरों, अरब अमीरों के साथ घूमती छोटी लड़कियों...सभी की बातें सोचने लगा।...लेकिन फूला के बारे में भी सोचता रहा !

लेकिन एक रात एक और ही बात हो गयी। मुझे लौटने में काफी देर हो गयी थी। अगले दिन मुझे काम पर बुलाया गया था। मैं थका था। लेकिन काफी खुश था। आखिरी बस छूट जाने के कारण मैं पैदल ही ठिकाने पर पहुँचा था। जब मैं अँधेरी गली में दाखिल

हो रहा था, मैंने देखा कि लांड्री की दुकान के तख्ते पर कोई औरत पड़ी है। मैं आगे निकल गया। लेकिन फिर लौट आया।...हाँ, यह फूला ही थी। मैं कुछ समझ नहीं पाया। इस समय रात के दो बज रहे थे। सड़क करीब-करीब खाली थी। लड़कियाँ और दलाल जा चुके थे। मुझे लगा कि फूला सो गयी है। लेकिन मैं फिर गुजरा और मुझे लगा कि नहीं, सोयी नहीं है। शायद छोकरियों के साथ इसने भी बहुत शराब पी ली है। मैं अपनी खोली तक गया। ताला खोलने से पहले फिर लौट आया।...अब मुझे लगा कि फूला बेहोश है। कुछ हिचकिचाकर मैंने आवाज दी, "फूला !...फूला बाई !" कोई जवाब नहीं आया। अब मैं उसके एकदम पास पहुँच गया। मैंने उसे हिलाया और...और मुझे लगा कि फूला बहुत बीमार है। उसका बदन बहुत ज्यादा गर्म है और मुँह के चारों तरफ कै फैली हुई है। अचानक ही सबकुछ समझ में आ गया। शायद फूला कई दिनों से बीमार थी। मुझसे झगड़ते समय भी शायद बीमार थी। पार्लरवालों ने शायद आज उसे निकाल दिया था। वहाँ से निकलकर वह किसी तरह तख्ते तक पहुँची।...या शायद वे लोग उसे यहाँ डाल गये। इसके बाद...! इसके बाद मेरी समझ में नहीं आया कि क्या करूँ ! क्या मैं फूला को उसी तरह वहाँ छोड़ दूँ और चला जाऊँ ? मुझे लगा कि ऐसा नहीं हो सकता। वहाँ अँधेरी गली में कोई नहीं था जिससे मैं कुछ कह सकता। सिर्फ ऊँची इमारतों की बत्तियाँ चमक रही थीं और सड़क पर एक-दो टैक्सीवाले अपनी-अपनी टैक्सियों में सो गये थे। मैं चाहता था कि किसी को पुकारूँ, आवाज दूँ, लेकिन वहाँ कोई नहीं था।

उस समय मैंने हिसाब लगाया कि मेरे पास कुल कितने रुपये बचे हैं। इसके बाद मैंने एक टैक्सीवाले को जगाने की कोशिश की। मुश्किल-ही-मुश्किल थी। फिर भी मैंने सोच लिया था कि अब क्या करना है।

इसी तरह रात बीतती गयी थी। दो अस्पतालों ने उसे लेने से इनकार कर दिया। म्युनिसिपल अस्पताल ठसाठस भरा था। मैंने बड़ी मिन्नत की तो नर्सों के ड्यूटी रूम में एक बिस्तर डालकर उसे लिटा

दिया गया था। सलाइन की बोतल लगा दी गयी थी। बड़ी नर्स ने मुझसे कहा था कि मैं उस बोतल की जगह दूसरी ला दूँ। अस्पताल में दवाइयाँ भी नहीं हैं। मैं बाहर से खरीद कर दवाइयाँ ले आऊँ। लेकिन मैं चुपचाप सुबह का इंतजार कर रहा था। वार्डों में, गलियारों में, पलंगों पर, जमीन पर, हर जगह मरीज-ही-मरीज पड़े थे। नर्सों ने कहा था कि इंजेक्शन भी लाना होगा। बहुत-सी चीजों की जरूरत थी। लेकिन हमारे पास कुछ नहीं था। फिर भी मैं सुबह का इंतजार कर रहा था...और बेंच पर बैठे-बैठे ही सुबह हो गयी थी। मुझे नहीं मालूम था कि यह कैसी सुबह थी। लोगों ने चलना-फिरना और गाड़ियों ने दौड़ना शुरू कर दिया था। मैंने तमाम लोगों के बारे में सोचा था। ये लोग थोड़ी-बहुत मदद कर सकते थे। ड्यूटी रूम में जाकर मैंने एक बार फिर फूला की तरफ देखा था। वह अब भी बेहोश थी। चितकबरे बदरंग बाल बिखरे हुए थे और वह पहले से भी ज्यादा कुरूप लग रही थी। इसके बाद मैंने चलना शुरू कर दिया था।...

दिन-भर चलता रहा। इस जगह से उस जगह...उस जगह से फिर और किसी जगह। इंडिया इंटरनेशनल कॉरपोरेशन ने मुझे काम पर लेने से इनकार कर दिया। मुझे बहुत दुख हुआ। मेरी सारी आशाएँ मिट्टी में मिल गयीं। इस बार मुझे बहुत भरोसा था...काम जरूर मिल जायेगा। सुबह-शाम की चिंता मिट जायेगी।...मुझे लगा कि मैं जैसे फुटपाथ पर आ गया हूँ।...शाम होते-होते मैं लौट आया। इस समय दवाएँ और सलाइन की बोतलें मैंने खरीद ली थीं। बहुत लोगों ने थोड़े-थोड़े पैसे दे दिये थे। मैं बिलकुल थक गया था।

जब अस्पताल पहुँचा तो फूला की हालत बहुत खराब थी। उसके मुँह पर कानों तक कै फैली हुई थी। बिस्तर भी कै में सना हुआ था। उसकी साँस घरघरा रही थी। लगता था कि किसी भी समय उखड़ जायेगी। लेकिन फिर भी उसकी तरफ किसी का ध्यान नहीं था। इस समय मुझे लगा कि फूला मर जायेगी। पता नहीं क्यों, मुझे यह भी लगा कि हे भगवान, फूला को मरना नहीं चाहिए। किसी भी तरह उसे बचना चाहिए।

मैं दौड़कर बड़ी सिस्टर के पास गया था। बड़ी मुश्किल से उसने मेरी तरफ ध्यान दिया था। फिर एक डॉक्टर आया था। उसने बताया था कि कै फेफड़ों में चली गयी है। फूला पड़ी हुई कै करती रही थी और किसी ने भी उसकी तरफ ध्यान नहीं दिया था।...अब एक मशीन लायी गयी। मशीन घर्र-घर्र चलने लगी। मुँह के अंदर नली डालकर डॉक्टर चारों तरफ हिलाने लगा। अब फूला एक-एक साँस खींचने के लिए बिलबिलाने लगी। बिलबिलाकर साँस खींचती थी। छटपटाकर आँखें खोलकर चारों तरफ देखती थी।...अब मुझे बार-बार लगने लगा कि किसी भी तरह उसे बच जाना चाहिए।...बचकर क्या होगा ? बचकर कहाँ जायेगी ? मुझे कुछ भी मालूम नहीं था। बस, यही लग रहा था कि उसे बचना चाहिए।

मशीन चलती रही और आवाज आती रही। फूला बिलबिलाती रही और आवाज आती रही। धीरे-धीरे रात हो गयी और सभी आवाजें चुप हो गयीं। अब मशीन हटा दी गयी और सलाइन की बोतलें फिर लगा दी गयीं। अब मेरी समझ में नहीं आ रहा था कि क्या करूँ ! नर्स और डॉक्टर कोई बताने को तैयार नहीं था कि क्या होगा ! ऑक्सीजन के सारे सिलेंडर खाली पड़े थे। या दो-तीन थे जो मरीजों पर लगे हुए थे। मैं बैठा रहा। फिर मैं बाहर आ गया। फिर मैं सोचने लगा कि रात क्या होगा ! क्या मैं वहीं कहीं सो जाऊँ ? लेकिन ऐसी कोई जगह नहीं थी।...रात कुछ हो गया...तो क्या फूला का दुनिया में कोई है ? क्या हमारा दुनिया में कोई है ?...तब मुझे लगा कि हमारा कोई नहीं है...हमीं अपने सबकुछ हैं।

...अब मैं वहीं लौट आया था जहाँ स्मगलर...अरब...अमीर ...लड़कियाँ...दलाल...हिजड़े...सब अपना काम कर रहे थे। कई सितारोंवाले होटलों में बत्तियाँ जगमगा रही थीं और महँगे रेस्तराओं में अजीब-अजीब धुनें बज रही थीं। 'मसाज पार्लर' के सामने खूबसूरत गाड़ियाँ खड़ी थीं। आज शायद कोई खास दिन था। गाँधीजी की मूर्ति को लट्टुओं से सजाया गया था और सामने कोई नेता भाषण दे रहा था। काफी भीड़ लगी हुई थी। इस समय यह नेता गाँधीजी, पंडितजी,

वगैरा की महानता का बखान कर रहा था और एक दलाल एक कारवाले को पटाने की कोशिश में लगा था।

तब मुझे अचानक पहली बार खयाल आया कि मैं किस दुनिया में हूँ ? किसने इसे ऐसा बना दिया है ? मैं क्या करूँ ? इसे ऐसा ही छोड़कर अपनी आँखें बंद कर लूँ ?...चारों तरफ दलालों की भीड़ है। मैं भी दलालों की दुनिया में...दलालों के दलालों की दुनिया में ...शामिल हो जाऊँ ? ...तब मुझे लगा कि नहीं, ऐसा नहीं हो सकता। मैं आँखें बंद नहीं कर सकता। मैं बेकार बेघर बेसहारा सही...मैं दलालों की दुनिया में शामिल नहीं हो सकता। नौकरी नहीं मिलेगी...कभी नहीं। कोई बात नहीं। फूला मर जायेगी...कोई बात नहीं। रास्ता मुझे मालूम नहीं...कोई बात नहीं। इन सबके लिए मेरे अंदर नफरत है। वह हमेशा जिंदा रहेगी। वही मुझे रास्ता दिखायेगी।...

रात-भर आवाजें आती रहीं। रात-भर बाजे बजते रहे और धुनें गूँजती रहीं। रात-भर बत्तियाँ जलती रहीं। रात-भर...मैं सो नहीं सका या शायद सो गया और सपने देखता रहा। फूला मर गयी और बाजे बजते रहे...धुनें गूँजती रहीं...बत्तियाँ झिलमिलाती रहीं। बार-बार मैं जागकर उठ बैठा। बार-बार मैं सो गया। बार-बार फूला मरती रही।...

लेकिन जब सुबह हो गयी, तो फूला मरी नहीं, जिंदा थी ! मैं सबसे पहले अस्पताल पहुँचा था। बोतल और नली को हटा दिया गया था। नर्स ने कहा कि मैं चाय, कॉफी, दूध...कुछ भी लाकर उसे पिलाऊँ।

एक गिलास में चाय लेकर जब मैं उसके पास बैठा, तो आँखें खोलकर उसने मेरी तरफ देखा। मैंने चम्मच से चाय दी। उसने चुपचाप पी ली। एक बार फिर उसने मेरी तरफ देखा। फिर चुपचाप आँखें बंद कर लीं।

लेकिन इसी समय बड़ी नर्स ने आकर कहा कि मैं उसे ले जाऊँ और फौरन वह जगह खाली कर दूँ। इमर्जेंसी में उसे रख लिया गया था। अब जान के लिए खतरा नहीं था। अब ड्यूटी रूम में उसे रखा

नहीं जा सकता। अस्पताल में कोई जगह नहीं है। बाकी दवाइयाँ मैं उसे घर ले जाकर दूँ।...तब मैंने सोचा था...घर ? घर ले जाऊँ ? कहाँ है घर ? 'मसाज पार्लर' वाले उसे रखेंगे ? काफी समय मैंने उसी तरह गुजार दिया था।

अचानक बड़ी नर्स बहुत तेजी से मेरे पास आयी। फूला को न ले जाने के लिए उसने मुझे बहुत डाँटा। आवाज देकर उसने कई वार्ड ब्वाय बुला लिये। आखिरी बार उसने मुझसे कहा कि अगर मैं फूला को नहीं ले जाऊँगा, तो वह उसे बाहर डलवा देगी। इस बार मैं चुप नहीं रह सका। फूला के पास पहुँचकर मैंने कहा, "फूला बाई ...उठो ! अब यहाँ से चलना है।"

फूला उठने की कोशिश करने लगी, लेकिन उठा नहीं गया। तब आगे बढ़कर मैंने सहारा दिया। किसी तरह उठकर बैठ गयी। फिर सहारे-सहारे खड़ी हो गयी। फिर घिसट-घिसटकर हम दोनों ने किसी तरह चलना शुरू कर दिया। घिसटते हुए हम अस्पताल के फाटक पर आ गये। अचानक वह ठहर गयी। मैंने देखा कि कुछ कह रही है। मैंने सुनने की कोशिश की। काँपती आवाज में उसने कहा, "तुम ...तुम...नईं आता तो...मर जाती !"

इस समय उसकी आँखें डबडबायी हुई थीं। अचानक मैं जोरों से हँस पड़ा ...हँसता रहा। वह देखती रही। हँसते हुए मैंने कहा, "तुम ...बोली थीं ना...कि मैं...मुहब्बत नहीं कर सकता। अभी देखा ना ...मैं कैसी मुहब्बत करता !...बोलो !"

लेकिन फिर इसी समय मैं अचानक बहुत गंभीर हो गया। मैंने कहा, "मगर...मैं...वो टाइप का आदमी नईं हूँ...समझ गयीं ना !"

इस समय घिसटते हुए...लड़खड़ाते हुए...हम अस्पताल के बाहर निकल रहे थे। लेकिन हमें नहीं मालूम था...कि किधर जाना है।

(1985)

कतार के पार

उस रात अचानक मेरी आँख खुल गयी थी। मेरे आसपास की दुनिया अब भी सोयी हुई थी।

इन तमाम सोये हुए लोगों को छोड़कर मैं बाहर आ गया था। वहाँ चारों तरफ अँधेरा फैला हुआ था। इस समय मुझे लग रहा था कि इस अँधेरे के पास यहीं कहीं सवेरा है जो अभी बाहर आ जायेगा। मैं काफी देर तक सवेरे का इंतजार करता रहा, लेकिन सवेरा नहीं आया। तब मैंने आसमान की तरफ देखना शुरू कर दिया।

इसके पहले भी ऐसा हुआ था। तमाम सोते हुए लोगों के बीच आँखें खोलकर मैंने सवेरे का रास्ता देखा था। जब सवेरा नहीं आया, तो मैंने आसमान की तरफ देखना शुरू कर दिया था। इस इतने बड़े आसमान में मैंने सिर्फ एक छोटे सितारे की तलाश की थी और यह सितारा बार-बार खो गया था। शायद इसलिए कि यह छोटा सितारा एक बहुत बड़ा सितारा है लेकिन हमसे बहुत दूर है। बहुत पहले किसी ने मुझे इस छोटे सितारे का राज बताया था। किसी ने कहा था, "भूरी रोशनीवाला यह बहुत छोटा सितारा सैकड़ों सूरजों के बराबर है, लेकिन हमसे बहुत दूर है।"

तब से सैकड़ों सूरजों को पा लेने का एहसास मेरे दिल में बराबर जिंदा है। मैं बार-बार इस छोटे सितारे की तलाश करता हूँ, बार-बार यह सितारा खो जाता है।

लेकिन इस समय आसमान पर सितारों की भीड़ बहुत ज्यादा

हो गयी थी...क्योंकि अँधेरा काफी था। फिर भी मैंने उस भूरी रोशनी वाले सितारे की खोज शुरू कर दी थी। वह मुझे हमेशा वहाँ मिलता था जहाँ तीन और सितारे होते थे। इन तीन सितारों को पाने के लिए मैं हमेशा उन सात सितारों की तलाश करता था जो आसमान में दूसरी तरफ से निकलते थे। लेकिन आज रात की भीड़ में सभी खो गये थे। एक सिरे से दूसरे सिरे तक मैंने उस आसमान के कई चक्कर लगाये थे। एक साथ घूमने वाले ये सात सितारे मुझे नहीं मिले थे। हमेशा साथ रहनेवाले तीन सितारे भी कहीं दिखायी नहीं दे रहे थे। इसलिए उस भूरी रोशनीवाले सितारे का मिलना बहुत मुश्किल था।

इस वक्त मैं आसमान से धरती पर लौट आया था। यहाँ पर लोग अब भी सोये हुए थे। शायद कुछ लोग जाग गये थे और सुबह का इंतजार करने लगे थे। मैं इस बात पर गौर करने लगा था कि मुझ जैसे लोगों को रात के इस अँधेरे में क्या करना चाहिए। क्या मैं इसी तरह लगातार आसमान पर एक खोये हुए सितारे को ढूँढ़ता रहूँ ? या एक सोयी हुई दुनिया के बीच से गुजरना शुरू कर दूँ ? आखिर मैं इस सोये हुए सितारे को क्यों ढूँढ़ रहा हूँ ? अँधेरे में खोये हुए लोगों को क्या करना चाहिए ? इन सवालों पर बार-बार गौर करने के बाद मैं इस नतीजे पर पहुँचा कि मुझे चलना चाहिए। चलते-चलते ही शायद हम तमाम लोग अँधेरे के पार पहुँच सकें।

इस समय जब कि तमाम लोग सोये थे और भौंकनेवाले कुत्ते भी खामोश हो गये थे...मैंने चलना शुरू कर दिया था। मैंने देखा था कि आसमान के सितारे भी मेरे साथ चलने लगे थे। कुछ और लोग भी शायद जाग गये थे और सितारों की तरफ देखकर वक्त को पहचानने की कोशिश कर रहे थे।

चलते-चलते मैं वहाँ पहुँच गया था जहाँ कुछ धुँधली बत्तियाँ टिमटिमा रही थीं और उनके आसपास कुछ पतंगे मँडरा रहे थे। फिर भी अँधेरा था और हलकी आहटें सुनायी दे जाती थीं। यह कहना मुश्किल था कि मैं कहाँ पहुँच गया हूँ। लेकिन मुझे लग रहा था कि शायद मैं किसी जंगल से किसी ऐसे शहर में पहुँच गया हूँ जिसके

बीचोबीच कोई और जंगल है और मैं उसकी तरफ बढ़ रहा हूँ।

लेकिन अचानक उस अँधेरे में मुझे बहुत-से लोग दिखायी दिये थे जो एक लंबी कतार में खड़े थे, लेकिन सो रहे थे। मैं उनके बहुत पास पहुँच गया था। कतार बहुत लंबी थी और सोये हुए लोग जागकर फिर सो जाते थे। मैं जानना चाहता था कि ये लोग कौन हैं और किस शहर में रहते हैं।

एक सोये हुए आदमी को हिलाकर मैंने पूछा था, ''यह कौन-सा शहर है ?''

वह आदमी जाग गया था। ध्यान से उसने सवाल को समझने की कोशिश की थी और वह गहरे सोच में डूब गया था। काफी देर बाद उसने कहा था, ''मैं यहाँ नया हूँ। आप किसी और से पूछ लीजिए।''

मैंने अँधेरे में फिर एक बार चारों तरफ नजर डाली थी। उस कतार में एक और आदमी जागने की कोशिश करता हुआ मालूम हो रहा था। उसके पास पहुँचकर मैंने उसे आवाज दी थी। वह जैसे पूरी तरह जाग गया था। मैंने पूछा था, ''क्या तुम बता सकते हो कि इस शहर का नाम क्या है ?''

अब वह सचमुच होश में आ गया था। लेकिन उसकी आँखें खामोश थीं और मुझे लग रहा था कि उसकी खामोश आँखों में एक और अँधेरा घिर रहा है। बहुत सोचने के बाद उसने बेबसी जाहिर की थी और कहा था, ''मैं यहाँ नया-नया आया हूँ। आप किसी और से पूछ लीजिए।''

तब मैंने एक बार पूरी कतार पर नजर डाली थी और मुझे लगा था कि यह पूरी कतार नये आदमियों की कतार है और इनमें से किसी को भी इस शहर का नाम मालूम नहीं है। मैंने फिर एक बार आसमान की तरफ देखा था। वहाँ अब भी सितारों की भीड़ थी। लेकिन सात सितारों का, तीन सितारों का, और इसके बाद भूरी रोशनीवाले एक बहुत छोटे सितारे का कोई पता नहीं था। धरती पर अब भी चारों तरफ अँधेरा छाया हुआ था।

तब मैंने कई और आदमियों से उस शहर का नाम पूछा था। लेकिन वे सब उस शहर में नये और अजनबी थे। मैं अलग हटकर एक तरफ खड़ा हो गया था...सोचने लगा था कि जिस शहर में सभी लोग बाहर से आये हुए हों, उस शहर में हमें क्या करना चाहिए। बहुत सोचने के बाद यही सवाल मैंने कतार में खड़े हुए एक आदमी से किया था। कुछ सोचकर उसने मुझे बताया था, "हमें उन कतारों में शामिल हो जाना चाहिए जो बाहरी लोगों ने तैयार की हैं।"

मैंने इस फैसले को मान लिया था। आगे बढ़कर मैं सोते हुए लोगों की कतार में शामिल हो गया था। अब थोड़ी देर के लिए सब ठीक हो गया था। हम सब लोग कहीं खो गये थे और कुछ पुरानी आवाजों को सुनने की कोशिश कर रहे थे। लेकिन कुछ समय बाद पुरानी आवाजें भी खो गयी थीं और मेरे पैरों में दर्द शुरू हो गया था। कहीं दूर से लौटकर मैंने अपने आसपास नजर डाली थी। लोग अब भी खामोश खड़े थे। पास खड़े हुए उस आदमी से मैंने पूछा, "हम कतार में कब तक खड़े रहेंगे ?"

पास खड़े उस आदमी की आवाज मुझे कहीं दूर से आती हुई मालूम हो रही थी। उसने कहा था, "कुछ कहा नहीं जा सकता। शायद हम हमेशा इसी तरह खड़े रहें।"

उस अँधेरे में मैंने उस आदमी को गौर से देखने की कोशिश की थी। यह कहना मुश्किल था कि वह जाग रहा है या सो रहा है। मैंने कहा, "हम लोग यहाँ क्यों खड़े हैं ?"

उसी तरह बहुत दूर से उसने जवाब दिया था, "क्योंकि और कोई चारा नहीं है।"

मुझे कुछ ऐसा लगा कि शायद यह आदमी काफी जागने के बाद सोने की कोशिश कर रहा है। मैंने एक और सवाल पूछने की जरूरत महसूस की थी। मैंने कहा, "कतार में शामिल होने के बाद हमें क्या करना चाहिए ?"

इस बार उसने एक लंबी साँस खींची। कुछ देर चुप रहकर उसने कहा, "इंतजार ! हमें अपनी बारी का इंतजार करना चाहिए।"

अब मैं चुप हो गया था। मुझे मालूम हो गया था कि इस वक्त मुझे क्या करना चाहिए, कब तक करना चाहिए और किसलिए करना चाहिए। लेकिन इसी वक्त मुझे लगा था कि उस आदमी की दोनों आँखें अँधेरे में घूर रही हैं। अचानक उसने पूछा था, "तुम यहाँ क्यों आये हो ?"

इस पर मैंने एक लंबा बयान दे डाला था। मैंने कहा था, "मैं ...बहुत-से लोगों और सितारों को देखता हूँ...तो मुझे लगता है...कि मैं...नहीं हूँ। मेरे होने और न होने में...कोई खास फर्क नहीं है। लेकिन मैं...महसूस करना चाहता हूँ कि मैं...हूँ। मैं सोता नहीं हूँ। जागता रहता हूँ...सिर्फ यह महसूस करने के लिए कि मैं...हूँ। मैं ठहरता नहीं हूँ...चलता रहता हूँ....सिर्फ यह महसूस करने के लिए कि मैं...हूँ। गैं सात सितारों को खोजता हूँ...इसलिए कि मैं तीन सितारों को पा सकूँ...इसलिए कि भूरी रोशनीवाला एक छोटा सितारा मुझे मिल सके और मैं महसूस कर सकूँ कि मैं...हूँ। मैं यहाँ क्यों आया हूँ ? इसलिए कि मैं अपने आपको पकड़ सकूँ ? क्या तुम मेरी मदद कर सकते हो ? मैं अपने आपको पकड़ना चाहता हूँ।"

कतार के उस आदमी ने मेरी लंबी कैफियत को सुनकर मुँह घुमा लिया था। मैं चाहता था कि मैं उसके चेहरे को देख सकूँ। लेकिन टिमटिमाती हुई बत्तियों के कारण सफल नहीं हो सका। दूसरे सिरे पर कुछ आवाजें उठने लगी थीं। ये आवाजें शायद उस आदमी के लिए थीं जो आखिरी सिरे पर जाने के लिए तैयार नहीं था। उन आवाजों के बावजूद मैं अपने सवाल को नहीं भूला। मैंने फिर पूछा, "क्या तुम मेरी मदद कर सकते हो ?"

वह आदमी अब भी मेरी तरफ देख रहा था। अचानक उसने कहा था, "क्या तुम भी मेरी तरह हो ?"

मैंने कहा, "मैं तुम्हें नहीं जानता !"

इस समय मुझे लगा था कि वह आदमी नहीं, सिर्फ अँधेरा है। उस अँधेरे ने मुझसे कहा था, "मैं बहुत दूर...या बहुत पास...एक गाँव...या एक शहर ...में रहता हूँ। जब मैं बहुत छोटा था...मुझे

लगता था कि मैं नहीं हूँ। माँ के लिए...बाप के लिए...भाई-बहनों के लिए...मैं नहीं हूँ। मैं होना चाहता था। मैंने आसपास के उन तमाम लोगों को देखा जो होने की कोशिश कर रहे थे। दिन-भर की मेहनत के बाद उन्हें शाम को खाना मिल जाता था। ये लोग मामूली तौर पर अपने होने को महसूस कर सकते थे। लेकिन बहुत-से लोग बहुत कोशिश करते थे फिर भी अपने होने को महसूस नहीं कर पाते थे। एक दिन मैंने चोरी की थी और चोरी का एक रुपया लाकर अपनी माँ को दिया था। माँ बहुत खुश हुई थी। उस दिन थोड़ी देर के लिए मैंने अपने होने को महसूस किया था। तब से मैं बराबर होने की कोशिश कर रहा हूँ। मैंने काम की तलाश की...मकान की तलाश की। लेकिन हर जगह मुझे लगा कि मैं...नहीं हूँ। फिर भी मैं महसूस करना चाहता हूँ कि मैं...हूँ। मेरी तलाश अब भी जारी है।''

उस आदमी की लंबी कहानी सुनकर मैंने चुपचाप सोचना शुरू कर दिया था। उस आदमी ने भी सोचना शुरू कर दिया था। चारों तरफ खामोशी फैल गयी थी। शायद उस कतार के हर आदमी ने सोचना शुरू कर दिया था। इस खामोशी के बीच अचानक मैं चौंक उठा था। मैंने दूसरी तरफ घूमकर देखा था। वहाँ एक और आदमी खड़ा हुआ था। मैंने उससे पूछा था, ''क्या तुमने मुझे पुकारा ?''

एक और आदमी उसी तरह खड़ा रहा। शायद वह भी सोचने लगा था। उसने कहा, ''हाँ ! मैंने पुकारा था। लेकिन किसे पुकारा था, मुझे मालूम नहीं...!''

अब वह भी सोच रहा था और इस सोचने में मैं उसकी मदद कर रहा था। लेकिन उसे मालूम नहीं था कि उसने किसे आवाज दी थी। मैंने कहा, ''तुम्हें यह तो मालूम होगा कि तुमने किसलिए आवाज दी थी ?''

अँधेरे में लंबी साँस खींचकर एक और आदमी ने कहा था, ''हाँ ...मुझे मालूम है...!''

मैंने कहा, ''क्यों आवाज दी थी ?''

उसने कहा, ''दर्द हो रहा है...बहुत ज्यादा हो रहा है।''

मैंने पूछा, "कहाँ हो रहा है ?"

उसने कहा, "मालूम नहीं...पर बहुत ज्यादा हो रहा है।"

मैं चुप हो गया था। शायद सभी लोग चुप हो गये थे।

मेरे एक तरफ एक आदमी खड़ा था और दूसरी तरफ एक और आदमी। चारों तरफ सन्नाटा था और हम सब लोग सोच रहे थे। इस समय अँधेरे आदमी ने मेरी तरफ मुड़कर कहा था, "तुमने कुछ सुना ?"

मैंने कुछ सुनने की कोशिश की थी।

उसने फिर पूछा, "कुछ सुना ?"

मैंने कहा, "हाँ !"

उसने कहा, "बहुत-से लोग पुकार रहे हैं !"

मैंने कहा, "हाँ ! इन सबको दर्द हो रहा है।"

उसने कहा, "बहुत ज्यादा हो रहा है।"

मैंने पूछा, "पर ये किसे पुकार रहे हैं ?"

उसने कहा, "किसी को नहीं मालूम।"

अँधेरा अब भी काफी गहरा था। अब मैं कुछ और आवाजें सुन रहा था और सोच रहा था कि क्या अँधेरा आवाजों को जन्म देता है ? मैंने अँधेरे आदमी से कहा, "ये दूसरी आवाजें कौन-सी हैं ?"

उसने दूर पर देखने की कोशिश की थी। जैसे कुछ देखकर उसने कहा था, "कतार के उस पार...ये रेलगाड़ियाँ हैं।"

हैरान होकर मैंने पूछा था, "ये रेलगाड़ियाँ क्या कर रही हैं ?"

उसने कहा था, "ये हमें बताने की कोशिश कर रही हैं...कि हम बैलगाड़ियों को पीछे छोड़ आये हैं...!"

लेकिन उस पार से और भी आवाजें आ रही थीं और हम दोनों चुप हो गये थे।

कतार में से कुछ लोग चले गये थे और कहीं और कतारों में शामिल हो गये थे। इस कतार के कुछ लोगों ने सरकना शुरू कर दिया था, इसलिए बाकी लोगों के लिए भी सरकना जरूरी हो गया था। यही वजह थी कि हम सबने सरकना शुरू कर दिया था। लेकिन

कुछ लोग ठहर गये थे और बाकी लोग भी ठहर गये थे। ठहरे हुए लोग फिर ऊँघने लगे थे या फिर कुछ सोचने लगे थे। इसी समय किसी ने कहा था, "उजाला हो गया।"

इस बात पर ऊँघते हुए सभी लोग चौंक पड़े थे। कुछ और लोगों ने भी कहा था, "हाँ...उजाला हो गया...!" अब हम सब लोग जागकर पहचानने की कोशिश कर रहे थे। किसी ने पूछा था, "क्या यही उजाला है ?"

और किसी ने जवाब दिया था, "हाँ...इसी को उजाला कहते हैं।"

मेरी आँखों में थकान थी। मैंने आसमान की तरफ आँखें उठायी थीं। वहाँ सात सितारे नहीं थे और बाकी सितारे भी कहीं जा चुके थे। एक और आदमी ने मेरी तरफ देखकर पूछा था, "क्या सचमुच उजाला हो गया ?"

इस सवाल का मेरे पास कोई जवाब नहीं था। सिर्फ कुछ लोगों के चेहरे मैं साफ देख सकता था। और भी लोग साफ-साफ दिखायी देने लगे थे। इनकी गर्दनें झुकी हुई थीं। ये भारी गाड़ियाँ खींच रहे थे। लगता था कि इन्हें बहुत दूर जाना है।

अब हमारे लिए जरूरी हो गया था कि हम उजाले को मान लें। बहुतों ने मान लिया था कि यही उजाला है। फिर भी सब खामोश थे, क्योंकि आवाजें अब भी जारी थीं। लेकिन इसी समय किसी ने ऊंची आवाज में कहा था, "यह गलत है।"

किसी और ने धीमी आवाज में पूछा था, "क्या गलत है ?"

उसने कहा था, "उजाले में खामोशी गलत है। अब हम सो नहीं सकते। हमें जाग जाना चाहिए।"

लेकिन थोड़ी ही देर में खामोशी फिर फैल गयी थी। मैंने एक और आदमी से पूछा था, "क्या दर्द अब भी हो रहा है ?"

उसने कहा था, "हाँ, हो रहा है। क्यों ? क्या दर्द खत्म हो जाता है ?"

मैंने कहा था, "क्यों नहीं ? ऐसा हो सकता है।"

इस समय हमने बहुत-से लोगों के एकसाथ चिल्लाने की आवाजें सुनी थीं। ये लोग चिल्ला-चिल्लाकर कह रहे थे, "नहीं ! यह उजाला नहीं है। हमें धोखा दिया गया है। हमें यों ही कतार में खड़ा रखा गया। हम...!"

ये आवाजें लगातार तेज हो रही थीं। मैंने एक और आदमी से कहा था, "दर्द को खतम किया जा सकता है, लेकिन...!"

मैं रुक गया था। एक और आदमी ने पूछा था, "कैसे ? रुक क्यों गये ?"

मैंने कहा था, "मैं जा रहा हूँ।"

उसने पूछा, "कहाँ ?"

मैंने कहा, "उजाले की तलाश में। तुम भी मेरे साथ आ जाओ। कतार को छोड़ दो। हम दर्द के उस पार पहुँच जाएँगे।"

एक और आदमी बहुत बेचैन हो गया था। मेरा हाथ पकड़कर उसने कहा था, "लेकिन कैसे ? दर्द के उस पार कैसे पहुँचा जा सकता है ?"

मैंने कहा, "यह कतार का दर्द है। कतार से नफरत करो। कतार को छोड़ दो।"

एक और आदमी अचानक खामोश हो गया था। मैंने कहा था, "क्यों, क्या हुआ ?"

अपनी डूबती आवाज में उसने कहा था, "नहीं...मैं कतार नहीं छोड़ सकता...कतार से नफरत नहीं कर सकता।...मैं इस कतार में पैदा हुआ था ...हमेशा कतार में रहा।...मैं...मैं क्या हूँ ?...मैं कतार हूँ...कतार के अलावा कुछ नहीं हूँ... ।"

उसकी आवाज डूब गयी थी और वह धीरे-धीरे वहीं कतार में बैठ गया था। उन तमाम आवाजों की तरफ मैंने एक नजर डाली थी। उस बैठे हुए आदमी पर झुककर मैंने कहा था, "मैं जा रहा हूँ। ...जब भी तुम कतार से बाहर आओगे...मैं तुम्हें जरूर मिलूँगा।"

मैंने फिर एक बार चलना शुरू कर दिया था। मुझे लग रहा था कि मैं आवाजों के एक शहर और एक जंगल से गुजर रहा हूँ।

वहाँ अब चारों तरफ आवाजों के सिवा कुछ नहीं था। इन्हीं आवाजों के बीच मैंने एक और आवाज सुनी थी। जैसे कोई मुझे पुकार रहा था। मैंने घूमकर देखा था। मेरे सामने अँधेरे का आदमी खड़ा था। मैंने पूछा, "क्या तुमने भी कतार छोड़ दी ?"

उसने बहुत पैनी आँखों से ताककर कहा, "हाँ ! लेकिन मैं जानना चाहता हूँ कि तुमने कतार क्यों छोड़ दी ? क्या तुमने अपने आपको पकड़ लिया है ?"

मैंने कहा, "हाँ। मैंने अपने आपको पकड़ लिया है। ऐसा लग रहा है कि मैं...हूँ।"

उसने फौरन मेरा हाथ पकड़ लिया था। बेचैन होकर उसने मुझसे पूछा था, "लेकिन कैसे ?"

मैंने कहा था, "मैं अब तक किसी न किसी कतार में रहता रहा हूँ।...जैसे ही मैं कतार से नफरत करने लगा...मुझे लगा कि मैं ...हूँ। मैंने कतार छोड़ दी...और मैंने अपने आपको पकड़ लिया। मैं कतार से लड़ूँगा...और अपने आपको महसूस करूँगा...।"

उस आदमी ने मेरा हाथ छोड़ दिया और उसकी नजर मेरे उस पार कुछ देखने लगी। मैंने पूछा, "क्या सोच रहे हो ?"

उसने कहा, "अब तुम कहाँ जा रहे हो ?"

मैंने कहा, "वहाँ सामने पुल है। मैं पुल की दूसरी तरफ जाऊँगा। हो सकता है, मुझे और भी आगे जाना पड़े।"

वह कुछ देर इसी तरह खामोश खड़ा रहा। फिर बोला, "चलो ...मैं भी तुम्हारे साथ पुल की दूसरी तरफ चलूँगा।"

हम साथ चलने लगे थे। आदमियों के एक पूरे जंगल से गुजरते हुए हम लोग सीढ़ियों के पास आ गये थे। वहाँ कई लोग थे जो बहुत धीरे-धीरे सीढ़ियों पर चढ़ने की कोशिश कर रहे थे। लेकिन सीढ़ियाँ बहुत ऊँची और मुश्किल थीं और वे काफी थक गये थे। मैं भी बहुत थक गया था। लेकिन आगे बढ़कर मैं उस आदमी के पास पहुँच गया था जो अब हड्डियों-पसलियों का सिर्फ कंकाल रह गया था। मैंने उससे कहा, "मेरा हाथ पकड़ो और ऊपर चढ़ने की कोशिश करो...!"

उसने खोयी आँखों से मेरी तरफ देखा था और मेरा हाथ थाम लिया था। उसके हाथ की हड्डियों में जैसे एक तेज करंट था। बहुत तेजी से मुझे लगा कि मैं...हूँ। मैं एक-एक सीढ़ी ऊपर चढ़ता गया और वे हड्डियाँ मेरे साथ ऊपर आती गयीं। इस तरह सीढ़ियों का वह सफर हमने धीरे-धीरे खत्म कर लिया।

अब हम ऊँचाई पर थे जहाँ खामोशी थी। मैंने चारों तरफ नजर डाली थी। अँधेरे का आदमी मेरे सामने खड़ा था। मैंने कहा, "तुम कहाँ रुक गये थे ?"

उसकी आवाज में एक और आवाज थी। उसने कहा, "एक बीमार औरत थी। उसकी गोद में बच्चा था। उसके हाथ में गठरी थी। मैं उसे ऊपर लाने की कोशिश कर रहा था।"

मैंने कहा, "हम अब पुल के ऊपर आ गये हैं। हम अब दोनों तरफ देख सकते हैं।"

उसने कहा, "हाँ ! एक तरफ कतार है जिससे हमें लड़ना है। दूसरी तरफ...!"

उस समय हमने दूसरी तरफ देखा था। वहाँ कमजोर और लड़खड़ाते आदमियों की एक बड़ी भीड़ थी। उन सबकी मुट्ठियाँ भिंची हुई थीं और हाथ ऊपर उठे हुए थे।

अँधेरे के आदमी ने कहा था, "हमने अपने आपको पकड़ लिया है। हम कतार को तोड़ देंगे, क्योंकि हम...हैं।"

मैंने पहली बार अँधेरे के आदमी के चेहरे को साफ-साफ देखा था। बढ़े हुए बालों और बढ़ी हुई दाढ़ी के बीच उसकी लाल आँखें चमक रही थीं। मैंने कहा था, "यह अँधेरा एक तेज उजाला है। यह उजाला उस बहुत छोटे सितारे का उजाला है जो बहुत बड़ा है और कई सूरजों के बराबर है। मैंने उसे ढूँढ़ लिया है। क्या तुम उसे देख सकते हो ?"

लेकिन उस आदमी ने मेरी बात नहीं सुनी थी। वह आगे बढ़ गया था और पुल की दूसरी तरफ की सीढ़ियों पर उतरने लगा था। अचानक रुककर उसने कहा था, "क्या हुआ ? रुक क्यों गये ?

जो उजाले को देख लेता है...रुक नहीं सकता...चलना शुरू कर देता है...!"

मैंने कहा, "मैं सोच रहा था कि...!"

चीखकर उसने कहा था, "नहीं ! तुमने उजाले को देखा नहीं है। उजाला देखनेवाला सिर्फ सोचता नहीं है। वह चलना शुरू कर देता है...अँधेरे की तमाम कतारों को चीरकर आगे बढ़ता है। तुम चलोगे ...तुम्हें और उजाला मिलेगा। देखो, पीछे की तरफ देखो। अँधेरे का झंडा उठानेवाले अँधेरे में खत्म हो गये हैं। उजाले का झंडा उठाकर अँधेरा फैलानेवाले भी मिट गये हैं। उजाले की दुनिया को धीरे-धीरे अँधेरे में बदलनेवाले भी मिट जायेंगे। देखो ! उजालों का ढोंग करनेवालों के चेहरों से नकाब उतरता जा रहा है।...रुको नहीं, सिर्फ सोचो नहीं। चलना शुरू कर दो...!"

मुझे लगा कि उसकी आवाज में एक ताकत है जो मेरे अंदर भी फैलती जा रही है।...मैं सिर्फ सोचता नहीं हूँ...मैं चलता भी हूँ ...उसके साथ जो चल रहा है।...क्योंकि अँधेरों के नकाब अपने आप फटते चले जा रहे हैं।

(1981)